PATTERN SENTENCES

OF

ELEMENTARY CHINESE

Vivien Hsi-yun Lu
Hugh M. Stimson
Li Hui Chang

Yale University, 1994

耶魯大學遠東出版社

Copyright @ 1994, by Far Eastern Publications
               Yale University

All rights reserved.

Reproduction or translation of any part of
this work beyond that permitted by Sections
107 and 108 of the 1976 United States Copyright
Act without the expressed permission in writing
of the copyright owner is unlawful. Requests
for permission or further information should be
addressed to the Permissions Department, Far
Eastern Publications, Yale University.

Library of Congress Cataloging in Publications Data:

Lu, Stimson, Chang
   PATTERNS SENTENCES OF ELEMENTARY CHINESE:

   1. Chinese language-Grammar
   2. Chinese language-Textbooks for foreign speakers-
      English

ISBN 0-88710-182-8

Printed in the United States of America

Acknowledgments

The authors wish to thank Mr. Parker Huang for suggesting the writing of this book. They are also grateful to Dr. John Montanaro for his valuable suggestions regarding the book's format and his suggestion regarding the Table of Contents. Their special thanks go to Mrs. Sophia O'Neill who skillfully typed the original drafts, and to Tracy Ford who provided timely assistance in the final stage.

Introduction

This book has been used for over fifteen years by students enrolled in the Intensive Elementary Modern Chinese course at Yale University. The primary goal of this text is to help students practice the basic grammatical patterns introduced in **Spoken Standard Chinese**, Volumes I and II (by Parker Po-fei Huang and Hugh M. Stimson), by providing hundreds of additional examples to augment the material in the textbook. It is also an aim of this book to help students gain oral skills by emphasizing the idiomatic word order of modern Chinese.

Students in our first year class at Yale in past years have unanimously attested to the usefulness of this book. They have frequently said that this book is a very useful reference in helping them to understand grammar patterns and to prepare for quizzes and exams.

The material in this text may be used by the teacher for in-class pattern drill or by students for extra practice out of class. One form of practice that students here at Yale have found useful is to attempt, after being exposed to the material with the teacher in class, to translate the sentences into Chinese by looking only at the English versions. In so doing, they can check their own errors outside of class. Specific patterns may be located either by means of the Table of Contents or the Index.

Finally, although these example sentences are keyed to **Spoken Standard Chinese**, Volumes I and II, they can be easily adapted for use with other Mandarin texts and so should prove helpful to a wide variety of students.

Vivien Hsi-yun Lu, Yale University, Spring, 1994

Table of Contents

LESSON ONE   PAGE
- I. The Simple Descriptive Sentence — 1
- II. Simple Questions with *ma* — 2
- III. The Choice-type Question: Choose the Noun — 2
- IV. The Choice-type Question: Choose the Verb — 2

LESSON TWO
- I. The Functive Sentence — 3
- II. The Functive Sentence...*ma* Questions — 3
- III. The Functive Sentence in Choice-type Questions: Choose the Subject — 4
- IV. The Functive Sentence in Choice-type Questions: Choose the Object — 4
- V. The Functive Sentence in Choice-type Questions: Choose the Modifier of Object — 5
- VI. The Simple Descriptive Sentence in Choice-type Questions: Choose the Modifier of Subject — 5
- VII. The Functive Sentence in Choice-type Questions: Choose the Verb — 6

LESSON THREE
- I. Specifier-Phrases as Subjects in Descriptive Sentences — 7
- II. Specifier-Phrases as Objects in Functive Sentences — 7
- III. Specifier-Phrases in Questions — 8
- IV. The Special Negative Adverb *méi* — 11
- V. The Pivot with the Verb *qǐng* — 12

LESSON FOUR
- I. The Transposed Object as Topic — 14
- II. The Use of *dōu* — 14
- III. The Specifier-Number-Measure Noun Construction — 17
- IV. The Auxiliary+Verb+Object Construction — 18
- V. The Possessive with Pronoun and Specifier+Number+Measure+Noun — 19

LESSON FIVE
- I. The Indirect Statement With *shuō* and *zhīdao* — 21
- II. Content Questions with Question Words — 21
- III. Indirect Questions with *wèn* and *zhīdao* — 21
- IV. Indirect Questions Embedded in Questions — 24
- V. Questions with Noun *ne* — 26
- VI. Naming (with *xìng, míngzi*) — 26
- VII. The Equivalent Pattern: Using *shì* — 28
- VIII. Partial Inclusion: Whole Before Parts — 28

LESSON SIX
- I. Giving Prices — 29
- II. Totals — 29
- III. "Will Pay For" with *mǎi* — 30
- IV. Distribution — 31
- V. Grand Totals — 31
- VI. Measurement — 31
- VII. Indefinite Numbers — 32

	PAGE
LESSON SIX (cont.)	
VIII. Imperative Sentences with *ba*, *hǎo buhǎo*, or *qǐng*	32
IX. Using *xiǎng*	33
X. The Pivot After *yǒu* / *méiyou*	33
LESSON SEVEN	
I. The Auxiliary Verb in Statements and Questions	35
II. Verbs that take Sentences as Objects	36
III. The Use of *zài*	37
LESSON EIGHT	
I. Modification of Nouns by Nouns	39
II. Modification of Nouns by Stative Verbs	42
III. Noun Phrases Denoting Occupation	44
IV. Stative Verbs as Adverbs	44
V. *xué* as both Verb and Auxiliary Verb	44
LESSON NINE	
I. Noun Clauses as Modifiers of Nouns	46
II. Noun Clauses in Sentences	48
III. Clauses in Sentences with the Verb *shì*	50
IV. Changed Status with *le*	51
V. The *yī...jìu* Pattern	52
LESSON TEN	
I. Location with *zài*	54
II. Existence with *yǒu*	55
III. The Location and Existence Patterns Compared	55
IV. Modification by Place Words	56
V. Uses of *ne*	57
LESSON ELEVEN	
I. The Co-Verbs *zuò*, *cóng*, *dào* with *lái/qù*	59
II. The Verbal Suffixes *-zài* and *-dào*	61
III. Purpose Clauses with Verb+Object and *lái/qù*	62
IV. Imminent Action *le*	63
LESSON TWELVE	
I. Competed Action with *le*	65
II. Verbal Suffix *-guo* (past tense *guo* with *le* and experential *guo*)	67
III. Reinforcing Adverbs: *yídìng* and *hái méi...ne*	68
IV. Sentence Particle *le* with Coverbs and Purpose Clauses	69
V. The Verb+*le* (O) *jìu*...Pattern	70
VI. The *yī ...jìu* Pattern with *le* Indicating Past Tense	70
VII. Past Tense with Measured Object	71
VIII. The *shì ...de* Construction: Stresses Attendant Circumstances	72
IX. Verb+Object *de shíhou*	76
LESSON THIRTEEN	
I. Time When Expressions	78
II. Time Spent Expressions	81

	PAGE
LESSON THIRTEEN (cont.)	
III. Identification of Time	83
IV. The Whole Before the Part	84
V. Comparison With *yǒu* or *méiyou*	84
VI. Non-Punctual Verbs with Sentence Objects	85
LESSON FOURTEEN	
I. Question Words as Indefinites	86
II. Time Expressions with *yǐqián*, *yǐhòu* and *de shíhou*	89
III. Verbs (with objects) and Directional Sentence Particles	92
IV. Reduplication of Verbs for Casual Effect	92
LESSON FIFTEEN	
I. The Stative Verbs *kuài*, *màn*, *duō* and *shǎo* in Commands and Requests	94
II. Using *hěn shǎo*	96
III. Manner Patterns	96
IV. *yǒu méiyou* +Verb in Long Questions about Past Action	99
LESSON SIXTEEN	
I. The Transposed Actor	100
II. More on the Pivot	100
III. *ta* as "it"	101
IV. Lone Localizers as Objects of *wàng* and *cóng*	102
V. Comparison	102
VI. The Usage of *-zhe*	105
LESSON SEVENTEEN	
I. More on Pivots	109
II. The *bǎ* Construction	110
LESSON EIGHTEEN	
I. Punctual Clock Time Expressions	117
II. Durative Clock Time Expressions	119
III. The Negative Time Within Which Pattern	120
IV. Time When Expressions with *cái* and *jiù*	121
LESSON NINETEEN	
I. Vivid Reduplicatives in Sentences	123
II. Similarity and Comparison	124
LESSON TWENTY	
I. Potential and Non-Potential Verbal Suffixes	128
with *lái* and *qù* alone	128
with verbal suffixes and *lái* and *qù*	129
with other directional suffixes	130
with non-directional suffixes	132
II. The Usage of *hái*	138
LESSON TWENTY-ONE	
I. Verb+Verb Suffix Compounds in Sentences	139
II. More on Reduplication	140
III. Paired Adverbs	142
IV. Other Strings of Adverbs	144

   III. Paired Adverbs   142
   IV. Other Strings of Adverbs   144

LESSON TWENTY-TWO
   I. Expressing Distances with *lí*   146
   II. Comparison of Distances   146
   III. Degree of Difference and Comparison of Distances   148

LESSON TWENTY-THREE
   I. Review of Important Patterns   150

LESSON TWENTY-FOUR
   I. Questions Words as Inclusive Expressions   173

INDEX   175

LESSON 1

I. THE SIMPLE DESCRIPTIVE SENTENCE

    N   (A) (A) (A)   SV.
    LÙ   ZHĒN   YUĂN.

    The road is really far away.

1. shān gāo.   The mountain is high/higher.
2. shān hěn gāo.   The mountain is (very) high.
3. lù zhēn hǎo.   The road is really good.
4. shān bùhěn yuǎn.   The mountain is not very far away.
5. hé bùyuǎn.   The river is not far.
6. hé zhēn bújìn.   The river is not at all nearby.
7. lù zhēn hěn cháng.   The road is really quite long.
8. hé zhēn bùhěn jìn.   The river is not really (quite) near.

II. SIMPLE QUESTIONS WITH MA

    N   (A) (A)   SV   ma?
    SHĀN   GĀO MA?

    Are the mountains high?

1. hé yuǎn ma?   Is the river far away?
2. lù hěn hǎo ma?   Is the road (very) good?
3. shān zhēn jìn ma?   Is the mountain really near?
4. lù bùhěn yuǎn ma?   Isn't the road quite far?
5. hé bùhěn cháng ma?   Isn't the river quite long?
6. shān zhēn hěn gāo ma?   Are the mountains really quite high?
7. lù zhēn bùhǎo ma?   Are the roads really bad?

III. THE CHOICE-TYPE QUESTION: CHOOSE THE NOUN

$$\begin{matrix} N_1 & S_1 & N_2 & SV? \\ \text{HÉ} & \text{CHÁNG,} & \text{LÙ} & \text{CHÁNG?} \end{matrix}$$

Which is longer, the river or the road?

1. shān jìn, hé jìn?   Which is nearer, the mountain or the river?
2. hé hǎo, shān hǎo?   Which is better, the river or the mountain?
3. lù yuǎn, hé yuǎn?   Which is farther away, the road or the river?
4. lù jìn, shān jìn?   Which is closer, the road or the mountain?
5. shān hǎo, lù hǎo?   Which is better, the mountain or the road?

IV. THE CHOICE TYPE QUESTION: CHOOSE THE VERB

$$\begin{matrix} N & SV & BU\text{-}SV? \\ \text{LÙ} & \text{HǍO} & \text{BUHǍO?} \end{matrix}$$

Is the road good?

1. shān yuǎn buyuǎn?   Is the mountain far away?
2. hé jìn bujìn?   Is the river nearby?
3. lù cháng bucháng?   Is the road long?
4. shān gāo bugāo?   Is the mountain high?
5. hé cháng bucháng?   Is the river long?
6. lù yuǎn buyuǎn?   Is the road far away?
7. shān jìn bujìn?   Is the mountain nearby?
8. hé cháng bucháng?   Is the river long or not?

LESSON 2

I. THE FUNCTIVE SENTENCE

```
  N      (A)    (A)    V      O.
  WǑ            YĚ    KÀN    BÀO
```

I read newspapers too.

1. wǒ mǎi shū.   I buy books.
2. tā mǎi bào.   He buys newspapers.
3. wǒ yě bùkàn bào.   I don't read newspapers either.
4. tāmen yě mǎi shū.   They buy books too.
5. wǒmen yě búkàn shū.   We don't read books either.

```
  N      (A)    (A)    V     MOD        O.
  WǑ            YĚ    KÀN   ZHŌNGGUO   BÀO.
```

I read Chinese newspapers, too.

1. tā bùmǎi Zhōngguo shū.   He doesn't buy Chinese books.
2. nǐ yě bùmǎi Zhōngguo shū.   You don't buy Chinese books, either.
3. wǒmen kàn Měiguo bào.   We read American newspapers.
4. nǐmen yě kàn Měiguo bào.   You also read American newspapers.
5. tāmen yě bùmǎi Měiguo shū.   They don't buy American books either.

II. THE FUNCTIVE SENTENCE...*MA* QUESTIONS

```
  N        (A)    (A)   V    (MOD)   (O)   ma?
  TĀMEN           YĚ   MǍI                 SHŪ MA?
```

Do they buy books also?

1. nǐmen kàn bào ma?   Do you read newspapers?
2. tāmen yě kàn bào ma?   Do they read newspapers also?
3. nín yě kàn shū ma?   Do you (polite) read books also?
4. nǐ mǎi Zhōngguo shū ma?   Do you buy Chinese books?

5. tā yě bùmǎi Měiguo shū ma? Doesn't he buy American books either?
6. nín yě kàn Měiguo bào ma? Do you (polite) read American newspapers, too?
7. nǐmen bùmǎi ma? Aren't you buying (anything)?
8. nǐ yě búkàn Zhōngguo bào ma? Aren't you reading Chinese newspapers, either?

III. THE FUNCTIVE SENTENCE IN CHOICE-TYPE QUESTIONS: CHOOSE THE SUBJECT

N_1 V (O), N_2 V (O)
TĀ MǍI SHŪ, NǏ MǍI SHŪ?

Which of you is buying books, you or he?

1. nín kàn bào, tā kàn bào? Which of you is reading newspapers, you or he?
2. tāmen kàn shū, nǐmen kàn shū? Are they reading books or are you?
3. nǐmen mǎi bào, wǒmen mǎi bào? Are you buying newspapers or are we?
4. nǐ mǎi shū, wǒ mǎi shū? Which of us is buying books, you or I?
5. nǐ mǎi, tā mǎi? Which of you is buying, you or he?

IV. THE FUNCTIVE SENTENCE IN CHOICE-TYPE QUESTIONS: CHOOSE THE OBJECT

(N) V O_1, (N) V O_2?
(NǏ) MǍI SHŪ, MǍI BÀO?

Which are you going to buy, books or newspapers?

1. tā kàn bào, kàn shū? Which is he going to read, newspapers or books?
2. nǐmen mǎi bào, mǎi shū? Which are you going to buy, newspapers or books?
3. tāmen kàn shū, kàn bào? Which are they going to read, books or newspapers?

V. THE FUNCTIVE SENTENCE IN CHOICE-TYPE QUESTIONS: CHOOSE THE MODIFIER OF OBJECT

N   V   MOD₁   O,   V   MOD₂   O?
NǏ KÀN MĚIGUO BÀO, KÀN ZHŌNGGUO BÀO?

Which do you read, American newspapers or Chinese ones?

1. wǒmen mǎi Zhōngguo bào, mǎi Měiguo bào?
   Which do we buy, Chinese newspapers or American ones?
2. tā kàn Měiguo shū, kàn Zhōngguo shū?
   Which does he read, American books or Chinese ones?
3. nǐmen mǎi Zhōngguo shū, mǎi Měiguo shū?
   Which do you buy, Chinese books or American ones?

VI. THE SIMPLE DESCRIPTIVE SENTENCE IN CHOICE-TYPE QUESTIONS: CHOOSE THE MODIFIER OF SUBJECT

MOD₁   N   SV,   MOD₂   N   SV
ZHŌNGGUO SHŪ GUÌ, MĚIGUO SHŪ GUÌ?

Which are more expensive, Chinese books or American ones?

1. Měiguo lù hǎo, Zhōngguo lù hǎo?
   Which are better, American roads or Chinese ones?
2. Zhōngguo hé cháng, Měiguo hé cháng?
   Which is longer, the rivers of China or America?
3. Zhōngguo bào hǎo, Měiguo bào hǎo?
   Which are better, Chinese newspapers or American ones?
4. Měiguo bào guì, Zhōngguo bào guì?
   Which are more expensive, American newspapers or Chinese ones?

VII. THE FUNCTIVE SENTENCE IN CHOICE-TYPE QUESTIONS: CHOOSE THE VERB

      N   V   BU-V   O?   (N) (BU)-V O?

A. NǏ MǍI BU-MǍI BAO?   WǑ BU-MǍI.

    Do you buy newspapers? No, I don't.

1. tā kàn bukàn shū? tā kàn.   Does he read books? Yes, he does.
2. nǐ kàn bukàn bào? kàn.   Do you read newspapers? Yes, I do.
3. tāmen kàn bukàn Zhōngguo shū?   Do they read Chinese books?
    tāmen búkàn.   No, they don't.
4. nǐmen mǎi bumǎi Měiguo bào?   Do you buy American newspapers?
    wǒmen bùmǎi Měiguo bào.   No, we don't.

   N   V   (MOD) O BU-V?   (N) (BU)- V (O)?

NǏ KÀN   SHŪ BÚ-KÀN? WǑ   KÀN SHŪ.

    Do you read books? Yes, I do.

1. tā mǎi shū bùmǎi? tā bùmǎi.   Does he buy books? No, he doesn't.
2. nǐmen kàn Zhōngguo bào   Do you read Chinese newspapers?
    búkàn? kàn.   Yes, we do.
3. tāmen mǎi Měiguo shū bùmǎi?   Do they buy American books?
    bùmǎi.   No, they don't.
4. nǐ kàn bào búkàn? wǒ kàn bào.   Do you read newspapers? Yes, I. do.

LESSON 3

I. SPECIFIER-PHRASES AS SUBJECTS IN DESCRIPTIVE SENTENCES

SP-M   (MOD)   (N)   (A)   SV.
ZHÈIGE   **BIǍO**   **PIÁNYI.**

This watch is inexpensive/cheaper.

1. nèitiáo hé cháng.   That river is long/longer.
2. zhèige Měiguo bào hǎo.   This American newspaper is good/better.
3. nèige shān hěn gāo.   That mountain is high.
4. zhèizhī gāngbǐ zhēn hǎokàn.   This pen is really attractive.
5. nèizhī qiānbǐ búguì.   That pencil is inexpensive.
6. zhèitiáo lù hǎo.   This road is good/better.
7. nèige Zhōngguo biǎo bútài guì.   That Chinese watch is not too expensive.
8. zhèige hǎokàn.   This is good/better looking.

II. SPECIFIER-PHRASES AS OBJECTS IN FUNCTIVE SENTENCES

N   (A)   V   SP-M   (MOD)   (O).
TĀ   **BÙ**   **MǍI**   **ZHÈIGE**   **MĚIGUO**   **BÀO.**

He is not buying this American newspaper.

1. wǒmen mǎi nèige biǎo.   We are buying that watch.
2. tā méiyǒu zhèige bào.   He doesn't have this newspaper.
3. wo xǐhuan nèizhī fěnbǐ.   I like that piece of chalk.
4. tā yào zhèizhī gāngbǐ.   He wants this pen.
5. tāmen xǐhuan nèitiáo lù.   They like/prefer that road.
6. tā yào zhèizhī Zhōngguo bǐ.   He wants this Chinese writing implement.
7. wo búyào zhèige.   I don't want this one.
8. nín méiyǒu nèige.   You (polite) don't have that one.

III. SPECIFIER-PHRASES IN QUESTIONS

A. Using the Specifier *něi*

1. IN DESCRIPTIVE SENTENCES AS SUBJECTS

```
SP-M        (MOD)    (N)       SV?
NĚIZHĪ              QIĀNBǏ    HǍO?
```

Which pencil is better?

1.	něige shān hǎokàn?	Which mountain is more beautiful?
2.	něitiáo lù hǎo?	Which road is better?
3.	něizhī fěnbǐ cháng?	Which chalk is longer?
4.	něige bào piányi?	Which newspaper is cheaper?
5.	něige biǎo guì?	Which watch is more expensive?
6.	něitiáo lù jìn?	Which road is closer?
7.	něige Zhōngguo bào hǎo?	Which Chinese newspaper is better?
8.	něitiáo hé yuǎn?	Which river is farther away?

2. IN FUNCTIVE SENTENCES AS OBJECTS

```
N      (A)    V      SP-M     (O)?
NǏ            MǍI    NĚIGE    BÀO?
```

Which newspaper are you buying?

1.	nǐ kàn něige bào?	Which newspaper are you reading?
2.	tā yào něige biǎo?	Which watch does he want?
3.	wǒmen mǎi něizhī gāngbǐ?	Which pen are we buying?
4.	nǐ xǐhuan něige?	Which one do you like?
5.	nǐmen xǐhuan něitiáo lù?	Which road do you prefer?
6.	nǐ yào něizhī qiānbǐ?	Which pencil do you want?
7.	tā bùxǐhuan něige?	Which one doesn't he like?

B. Using the Specifiers *nèi* and *zhèi*

1. IN QUESTIONS WITH *MA* OR *SV BÙ SV*

    SP-M   (N)   (A)   SV   MA?
    NÈIGE   **SHAN GĀO MA?**

Is that mountain high?

1. nèitiáo lù hǎo ma? — Is that road good/better?
2. zhèige biǎo guì ma? — Is this watch expensive?
3. nèizhī gāngbǐ piányi ma? — Is that pen inexpensive?
4. zhèitiáo lù yuǎn ma? — Is this road far/further?
5. nèige bào hǎo buhǎo? — Is that newspaper good?
6. zhèige biǎo hǎokàn buhǎo kàn? — Is this an attractive watch?
7. zhèitiáo lù jìn bujìn? — Is this road short?

2. IN QUESTIONS WITH *MA* OR *V BÙ V*

    N   (A)   V   SP-M   (O)   MA?
    NǏ   **MǍI ZHÈIGE**   **BIǍO MA?**

Are you buying this watch?

1. nǐ yào zhèige qián ma? — Do you want this money?
2. ta xǐhuan nèizhī gāngbǐ ma? — Does he like that pen?
3. tā yǒu zhèizhī qiānbǐ ma? — Does she have this pencil?
4. nǐ yào buyào zhèizhī bǐ? — Do you want this writing implement?
5. nǐmen mǎi bumǎi nèige biǎo? — Are you buying that watch?
6. tāmen kàn bukàn zhèige bào? — Do they read this paper?
7. nǐ yào zhèige buyào? — Do you want this?
8. nǐ xǐhuan nèige buxǐhuan? — Do you like that?

3. IN CHOICE-TYPE QUESTIONS: CHOOSE THE SPECIFIER

SP_1 M (N) SV, SP_2 N (N) SV?
ZHÈI TIÁO LÙ YUǍN, NÈI TIÁO LÙ YUǍN?

Which road is farther, this one or that one?

1. zhèizhī bǐ hǎokàn, nèizhī bǐ hǎokàn? Which writing implement is better looking, this one or that one?
2. zhèige biǎo guì, nèige biǎo guì? Which watch is more expensive, this one or that one?
3. zhèige piányi, nèige piányi? Which is cheaper, this one or that one?

4. IN CHOICE-TYPE QUESTIONS: CHOOSE THE SUBJECT

N_1 V SP M O, N_2 V SP M O?
NǏ MǍI ZHÈI ZHĪ BǏ, TĀ MǍI ZHÈI ZHĪ BǏ?

Who is buying this writing implement, you or he?

1. tā kàn nèige bào, nǐ kàn nèige bào? Who is going to read that newspaper, you or he?
2. nǐmen yào zhèige biǎo, tāmen yào zhèige biǎo? Who wants this watch, you or they?

5. IN CHOICE-TYPE QUESTIONS: CHOOSE THE OBJECT

N V SP_1 M (A), (S) V SP_2 M (O)?
NǏ MǍI ZHÈIGE BÀO, MǍI NÈIGE BÀO?

Which newspaper are you buying, this one or that one?

1. tā mǎi zhèizhī gāngbǐ, mǎi nèizhī gāngbǐ? Which pen is he buying, this one or that one?
2. nǐ xǐhuan zhèitiáo lù, xǐhuan nèitiáo lù? Which road do you like, this one or that one?

Lesson 3

3. nǐmen yào zhèige biǎo, yào nèige biǎo?   Which watch do you want, this one or that one?

IV. THE SPECIAL NEGATIVE ADVERB *MÉI*

A. In questions

```
N(MÉI)   YŎU    O        MA?
N        YŎU    MEIYŎU   O?
N        YŎU    O        MÉIYŎU?
```
NǏ   MÉIYOU   BIǍO   MA?

Don't you have (any) watches?

1. ta méiyǒu fěnbǐ ma?   Doesn't she have (any) chalk?
2. nǐmen yǒu meiyǒu Zhōngguo qián?   Do you have Chinese money or not?
3. nǐ yǒu bào meiyǒu?   Do you have (any) newspapers?
4. tāmen méiyǒu Měiguo qián ma?   Don't they have American money?
5. nǐ yǒu meiyǒu Zhōngguo shū?   Do you have Chinese books?

B. In statements

```
N         A     (MÉI)YŎU    O.
```
WOMEN   YĚ   MÉIYOU   QIÁN.

We don't have any money either.

1. wǒ méiyǒu Měiguo biǎo.   I don't have American watches.
2. tāmen yě méiyǒu.   They don't either.
3. nǐmen yǒu Zhōngguo gāngbǐ.   You have Chinese pens.
4. Měiguo yǒu shān.   There are mountains in America.
5. Měiguo yě yǒu hé.   America also has rivers.
6. tā méiyǒu Zhōngguo shū, yě méiyǒu Zhōngguo bào.   She has neither Chinese books, nor Chinese newspapers.

V. THE PIVOT WITH THE VERB QǏNG

N	(A)	QǏNG	PIVOT (OBJECT/SUBJECT)	V	O	MA?
TĀ		QǏNG	WǑ	MǍI	SHŪ.	

He's asking me to buy some books.

1. nǐ qǐng tā mǎi bào ma? Are you asking him to buy newspapers?
2. wǒ bùqǐng tā mǎi gāngbǐ. I'm not asking him to buy pens.
3. wǒ qǐng nǐ mǎi gāngbǐ. I'm asking you to buy pens.
4. tā qǐng wǒmen mǎi Zhōngguo biǎo. He's asking us to buy some Chinese watches.
5. tā qǐng wǒ kàn nèige bào. She's asking me to read that newspaper.
6. nǐ bùqǐng tā mǎi nèizhī bǐ ma? Aren't you asking him to buy that writing implement?

VI. DIRECT AND INDIRECT OBJECTS WITH GĚI

a.

N	(A)	GĚI	IO	O	(MA)?
WǑMEN	BÙ	GĚI	TĀ	QIÁN.	

We are not giving him (any) money.

1. tā gěi nǐ qián ma? Is he giving you some money?
2. tāmen gěi wǒmen Zhōngguo bào. They are giving us some Chinese newspapers.
3. tā bùgěi wǒ nèizhī qiānbǐ. He is not giving me that pencil.
4. wǒ yě bùgěi tā zhèige biǎo. I'm not giving him this watch either.
5. qǐng nǐ gěi tāmen fěnbǐ. Please give them some chalk.
6. qǐng nǐ gěi wǒmen Měiguo qián. Please give us some American money.

Lesson 3

$$\text{N}_1 \quad \text{QĬNG} \quad \text{N}_2 \quad \text{GĚI} \quad \text{IO} \quad \text{O} \quad \text{(MA?)}$$
WǑ　QǏNG　TĀ　GĚI　NǏ　SHŪ.

I am asking him to give you some books.

1. tā qǐng wǒ gěi nǐ zhèige bào.   He's asking me to give you this newspaper.
2. wǒ qǐng tāmen gěi nǐmen qián.   I'm asking them to give you some money.
3. tā qǐng nǐ gěi wǒ Zhōngguo bǐ.   He's asking you to give me some Chinese pens.
4. Wǒmen qǐng tā gěi nǐ nèizhī gāngbǐ.   We are asking him to give you that pen.
5. Nǐ qǐng tā gěi tā bào ma?   Are you asking her to give him some newspapers?

LESSON 4

I. THE TRANSPOSED OBJECT AS TOPIC

```
     O,      N    (A)    V    (MA)?
    YĬZI,   NĬ         YÀO   MA?
```

Do you want the chairs?

1. Yīngwén, wǒmen dǒng.   We understand English.
2. Zhōngwén, wǒmen bùdǒng.   We don't understand Chinese.
3. zhèiběn shū, nǐ yǒu ma?   Do you have this book?
4. nèige biǎo, nǐ xǐhuan buxǐhuan?   Do you like that watch?
5. zhuōzi, nǐmen yě yào ma?   Do you want (the) tables also?
6. Zhōngguo huà, zhèige péngyou bùdǒng.   This friend does not understand Chinese.

II. THE USE OF *DOU*

A. *Dōu* with a stative verb

```
1.   N       DŌU    (A)    SV    (MA)?
    NĬMEN   DŌU           HǍO   MA?
```

Are you all well?

1. Měiguo biǎo dōu hěn guì ma?   Are all American watches expensive?
2. jiù yǐzi dōu piányi.   All used chairs are cheap.
3. zhèijige shān dōu hěn gāo.   These few mountains are all high.
4. nèisānge péngyou dōu hěn máng.   Those three friends are all busy.
5. zhèiliǎngzhāng zhuōzi dōu hǎokàn.   These two tables are both attractive.

Lesson 4

2. N   (BÙ)DŌU   (A)   SV   (MA?)
    BIǍO (BÙ)DŌU   GUÌ.

    (Not) all watches are expensive.

1. jiù zhuōzi bùdōu piányi.   Not all old tables are inexpensive.
2. nèijibǎ yǐzi bùdōu xīn.   Not all of those chairs are new.
3. zhèiliǎngtiáo lù bùdōu yuǎn.   These two roads are not both long (far).
4. Yīngguo gāngbǐ bùdōu hǎo.   Not all English pens are good.
5. tāmen bùdōu máng ma?   Aren't they all busy?
6. zhèijige péngyou bùdōu gāo.   These (few) friends are not all tall.

3.   N   DŌU(BÙ)   (A)   SV   (MA?)
    NÈIJIGE BIǍO   DŌU BÚ   TÀI   HǍO.

    None of those watches is any good.

1. tāmen dōu bùhǎo ma?   Is none of them good?
2. zhèijibǎ yǐzi dōu bùhǎokàn.   None of these chairs is attractive.
3. zhuōzi dōu bútài guì.   None of the tables is too expensive.
4. qiānbǐ, gāngbǐ dōu bùxīn.   Neither the pencils nor the pens is new.
5. nèiliǎngge péngyou dōu bùmáng ma?   Is neither of those two friends busy?
6. zhèijiběn shū dōu bútài jiù.   None of these books is too old.

4.   N₁   DŌU   SV,   N₂   YE DŌU   SV   (MA?)
    ZHUŌZI DŌU GUÌ,   YǏZI YĚ DŌU   GUÌ MA?

    Tables are all expensive, are chairs all expensive, too?

1. zhèijige biǎo hǎokàn,   These watches are attractive,
     nèijige yě dōu hǎokàn.   those are, too.
2. zhèiliǎngběn shū xīn, nèi-   These two books are new, are
     liǎngběn yě dōu hěn xīn ma?   those also very new?

B. *Dōu* with V O expression

1. N   (BÙ)DŌU(BÙ)   (AV)   V   (O)   (MA?)
   NǏMEN   DŌU   MǍI   YǏZI   MA?

   Are all of you buying chairs?

1. tamen dōu dǒng Yīngwén.	They all understand English.
2. women dōu bùshuō Zhōngguo huà.	None of us speaks English.
3. women bùdōu yào, tā yào wǒ búyào.	(Not both of us) One of us wants it. He does, I don't.
4. nimen dōu yào kàn Zhōngguo bào ma?	Do you all want to read Chinese newspapers?
5. nèiliǎngge péngyou dōu bùshuō Yīngwén ma?	Does neither of those two friends speak English?
6. tamen bùdōu yǒu qián.	Not all of them have money.

2. N   (YE)   (BÙ)DŌU(BÙ)   AV   V   (MOD)   (O)   (MA?)
   TĀMEN   YĚ   DŌU   YÀO   MǍI   SHŪ   MA?

   Do they all want to buy books, too?

1. women yě dōu bùdǒng Yīngwén.	None of us understands English either.
2. nèijǐge Yīngguo péngyou yě dōu méiyǒu qián ma?	Does none of those few English friends have money either?
3. nimen yě dōu yào shuō Zhōngguo huà ma?	Do all of you want to speak Chinese too?
4. tamen yě bùdōu mǎi zhuōzi.	Not all of them are buying tables either.

C. *Dōu* with a transposed object

ZHŌNGGUO PÉNGYOU, MĚIGUO PÉNGYOU NǏMEN DŌU QǏNG MA?

Are you asking both Chinese and American friends?

1. nèisānběn shū nǐmen dōu yào mǎi ma? Do you want to buy all three of those books?
2. Zhōngguo bào, tāmen bùdōu kàn. They don't read all of the Chinese newspapers.
3. zhèiliǎngbǎ xīn yǐzi, wǒ dōu xǐhuan. I like both of these new chairs.
4. nèijizhāng jiù zhuōzi, women dōu yào mǎi. We want to buy all of those old tables.
5. Zhōngguo biǎo, Měiguo biǎo, ta dōu méiyǒu. He has neither Chinese nor American watches.

III. THE SP NU M (MOD) N CONSTRUCTION

A. As subject

SP	NU	M	(MOD)	N	(A)	SV	(MA?)
ZHÈI	LIǍNG	BĚN	XĪN	SHŪ		ZHĒN	GUÌ.

These two new books are really expensive.

1. zhèizhī xīn gāngbǐ hěn hǎokàn. This new pen is very attractive.
2. nèige gāo shān jìn bujìn? Is that high mountain near (or not)?
3. něijige jiù zhuōzi piányi? Which used tables are cheaper?
4. zhèiliǎngge xīn biǎo bútài hǎo. These two new watches are not too good.

B. As object

S	(A)	(AV)	V	SPNUM	(MOD)	N	MA?
NǏMEN		YÀO	MǍI	ZHÈILIǍNGBĂ	JIÙ	YǏZI	MA?

Do you want to buy these two old chairs?

1. nǐ xǐhuan zhèitiáo xīn lù ma?   Do you like this new road?
2. nèiliǎngge péngyou yào mǎi zhèisānběn jiù shū.   Those two friends want to buy these three old books.
3. tā yào kàn zhèiliǎngzhāng jiù bào.   She wants to read these two (pages) of old newspapers.
4. women yào qǐng nèiliǎngge xīn Zhōngguo péngyou.   We want to invite those two new Chinese friends.

IV. THE AV V (O) CONSTRUCTION

S	AV	V (O)	(MA?)
S	AV	BÚ AV	V (O)?
S	AV	V (O)	BÚ AV?
NǏ	YÀO	BUYÀO	GĚI QIÁN?

Do you want to pay?

1. nǐmen yào mǎi qiānbǐ ma?   Do you want to buy pencils?
2. ni yào buyào qǐng nèige péngyou?   Do you want to invite that friend?
3. tā yào shuō Yīngwén buyào?   Does he want to speak English?
4. tāmen yào buyào kàn Zhōngguo bào?   Do they want to read Chinese newspapers?
5. nǐ yào buyào gěi wǒ?   Do you want to give it to me?

V. POSSESSIVE WITH PRONOUNS SP NUM N

A. As subject

1.   PRO   SP   NU M   N   (A) SV (MA?)
   TA NÈI LIĂNGGE PÉNGYOU HĔN GĀO.

   Those two friends of his are very tall.

   1. wo zhèijiběn shū dōu hěn jiù.   These few books of mine are all very old.
   2. ni nèibă xīn yĭzi guì buguì?   Is that new chair of yours expensive?
   3. tamen nèizhāng Zhōngguo zhuōzi zhēn hǎokàn.   Their Chinese table is really good looking.

2.   PRO SP NU M   N   (A) (AV) V (O) (MA?)
   TA NÈI LIĂNGGE PÉNGYOU DŎNG YĪNGWÉN MA?

   Do those two friends of his understand English?

   1. ni nèige Zhōngguo péngyou shuō Yīngwén ma?   Does your Chinese friend speak English?
   2. wo zhèijĭge péngyou yào mǎi jiù shū.   My friends want to buy used books.
   3. women nèige hǎo péngyou méiyou qián.   That good friend of ours doesn't have any money.

B. As object

N	(A)	(AV)	V	PRO	SPNUM	(MOD)	(O)	(MA?)
WOMEN	**DŌU**	**YÀO**	**KÀN**	**NǏ**	**NÈIBĚN**	**XĪN**	**SHŪ**.	

We all want to read that new book of yours.

1. tā yào gěi wo tā nèiliǎngbǎ jiù yǐzi.
   He wants to give me those two old chairs of his.
2. women yào qǐng ta nèijǐge péngyou.
   We want to invite those friends of his.
3. wo hěn xǐhuan nǐ nèiliǎngge Měiguo péngyou.
   I like those two American friends of yours a lot.
4. nǐ búyào mǎi tā nèige ma?
   Don't you want to buy that one of his?

LESSON 5

I. THE INDIRECT STATEMENT WITH *shuō* AND *zhīdao*

```
    N     SHUŌ    S    V    O
    N     SHUŌ    S    SV
```

A. TA SHUŌ TĀ BÙDǑNG.

He says that he doesn't understand.

1. ta shuō tāmen hěn yǒu qián.   He says that they have lots of money.
2. tā shuō nǐmen yǒu liǎngge nánháizi. He says that you have two boys.
3. tā shuō ta xìng Lǐ.   She says that her surname is Lee.
4. ni shuō Zhào Tàitai shì Éguo rén ma? You say that Mrs. Chao is from Russia?
5. ta shuō nèige háizi hěn hǎokàn.   He says that the child is good looking.
6. tāmen shuō zhèizhāng zhuōzi tài dà. They say that this table is too large.

```
    N    (BÙ)   ZHĪDAO    S    V    O.
    N    (BÙ)   ZHĪDAO    S    SV
```

B. WO ZHĪDAO TĀ SHÌ RÌBĚN RÉN.

I know she is from Japan.

1. wo zhīdao tā bùxǐhuan xiǎo háizi.   I know she doesn't like (small) children.
2. wo bùzhīdào tā shì Jiānádà rén.   I didn't know he was from Canada.
3. ta zhīdao wo xìng Wáng.   She knows that my surname is Wong.
4. tāmen zhīdao zhèiwèi jiàoshòu dǒng Déwén. They know that this professor understands German.
5. tā bùzhīdào wo méiyǒu nǚháizi.   He doesn't know that I don't have girls.
6. women zhīdao tāmen shi Hánguo rén.   We know that they are from Korea.
7. wo zhīdao nèizuò shān jiào Tài Shān.   I know that mountain is called Mount T'ai.

II. CONTENT QUESTIONS WITH QUESTION WORDS

A. Question words as subjects

```
    QW    (N)   (AV)   V     O?
    QW    (N)   (A)    SV?
```
SHÉI   YǑU QIĀNBǏ?

Who has pencils?

1. shéi yào kàn bào?   Who wants to read newspapers?
2. něige rén dǒng Rìwén?   Who understands Japanese?
3. shémma biǎo piányi?   What (kind of) watches are inexpensive?
4. něiguó gāngbǐ hǎokàn?   Pens of what country are attractive?
5. shéi xìng Huáng?   Who is surnamed Huang?
6. shéi yào gěi Zhāng Xiáojie qián?   Who is going to pay Miss Chang?

B. Question words as objects

```
        N              (AV)    V      QW  (O)
```
SĪTÚ XIĀNSHENG   SHUŌ SHÉMMA?

What is Mr. Seeto saying?

1. Cáo Tàitai xǐhuan něige rén?   Which person does Mrs. Ts'ao like?
2. nǐ gěi Gāo Tóngxué shémma?   What are you giving fellow student Gao?
3. Máo Jiàoshòu shì něiguo rén?   Prof. Mao is from what country?
4. Lǐ Tóngzhì yào qǐng shéi?   Whom is Comrade Lee inviting?
5. Guóxiān xìng shémma?   What is Kuo-hsien's surname?
6. nèige shān jiào shémma?   What is that mountain called?

III. INDIRECT QUESTIONS WITH *wèn* AND *zhīdao*

A. With *wèn*

```
    N₁      WÈN   N₂    N₃    V       QW
    N₁      WÈN   N₂    QW    V       (O)
```
1. **WǑ YÀO   WÈN TĀ   XÌNG   SHÉMMA.**

I want to ask him what his surname is.

Lesson 5

1. tā wèn wǒ nǐ shì shéi.   He is asking me who you are.
2. wǒ wèn tāmen něige dà.   I'm asking them which is bigger.
3. tā yào wèn ni shéi shì Zhào Tàitai.   He wants to ask you who is Mrs. Chao.
4. wǒ wèn tā shéi dǒng Fǎwén.   I'll ask him who understands French.

        N₁   WÈN   N₂   N₃   SV   BÙ SV?
        N₁   WÈN   N2   V   BÙ V (O)?
2. WO   WEN   TA   DǑNG   BUDǑNG?
            I'll ask her if she understands.

1. tā wèn wǒ yǒu meiyou tàitai.   She's asking me if I am married.
2. wǒ wèn tāmen yǒu meiyou háizi.   I'll ask them whether they have children.
3. wǒ wèn tā shuō bushuō Èguo huà.   I'm asking her whether she speaks Russian or not.
4. ta wèn wǒmen Huáng Hé cháng bucháng.   He's asking us whether the Yellow River is long or not.
5. ta wèn wǒ nǐ shì bushì jiào Měizhēn.   She's asking me if you are Mei-Chen.

B. With *zhīdào*

     N   (BU)ZHIDAO   QW   V   (O)/SV.
     N₁   (BU)ZHIDAO   N₂   V   QW.
1. WO   ZHĪDÀO   TĀ   SHÌ   SHÉI.
         I know who he is.

1. wo zhīdao shéi yào mǎi yǐzi.   I know who wants to buy chairs.
2. tā bùzhidào nǐ yào qǐng shémma rén.   He doesn't know whom you are inviting.

3. wǒmen zhīdao něitiáo lù hǎo. We know which road is better.
4. wo bùzhidào něiwèi xiānsheng yǒu qián. I don't know which teacher is wealthy.

      N₁   BÙZHIDÀO   N₂   V BÙ V   (O).

2.   WǑ BÙZHIDÀO WÁNG XIÁOJIE DǑNG BÙDǑNG.
    I don't know whether Miss Wong understands or not.

1. wo bùzhidào ta shì bushì Fǎguo rén. I don't know whether he is from France.
2. wo bùzhidào xiǎo zhuōzi guì buguì. I don't know if small tables are expensive.
3. wo bùzhidào Zhāng Xiānsheng shuō bushuō Yīngwén. I don't know if Mr. Chang speaks English or not.
4. wo bùzhidào tā shì bushì xìng Lǐ. I don't know if his surname is Lee or not.
5. women bùzhidào Huáng Jiàoshòu yǒu meiyǒu háizi. We don't know if Prof. Huang has any children.

IV. INDIRECT QUESTIONS EMBEDDED IN QUESTIONS

    NǏ   ZHĪDAO   N₂   V   QW   MA?
                          QW   V   (O)

A.   NǏ ZHĪDAO ZHÈIGE JIÀO SHÉMMA MA?
    Do you know what this is called?

1. nǐ zhīdao tā xǐhuan shéi ma? Do you know whom she likes?
2. nǐ zhīdao něiwèi shi Zhèng Xiānsheng ma? Do you know which one is Mr. Cheng?
3. nǐ zhīdao shémma biǎo piányi ma? Do you know what kind of watches are cheaper?
4. nǐ zhīdao zhèige rén yào mǎi shémma ma? Do you know what this person wants to buy?

Lesson 5

              N₁   ZHĪDAO   BUZHIDÀO   N₂   V   QW?
                                                          QW   V   (O)

B. NĬ ZHĪDAO BUZHIDÀO SHÉI XÌNG HUÁNG?
      Do you know who is surnamed Huang?

1. nĭ zhīdao buzhidào shémma bào hǎo?	Do you know what (kind of) newspaper is better?
2. nĭ zhīdao buzhidào shéi dǒng Hánguo huà?	Do you know who understands Korean?
3. tā zhīdao buzhidào nĭ yào gěi shéi?	Does he know whom you want to give it to?
4. nĭmen zhīdao buzhidào ta shì něiguo rén?	Do you know what country he is from?

             NI   ZHĪDAO BUZHIDÀO   N₂   V BU V (O)?

C. NĬ ZHĪDAO BUZHIDÀO TA SHÌ BUSHÌ RÌBĚN RÉN?
      Do you know whether or not he is from Japan?

1. nĭ zhīdao buzhidào tā shuō bushuō Déguo huà?	Do you know whether he speaks German?
2. nĭ zhīdao buzhidào tā shì bushi Lĭ Xiáojie?	Do you know whether she is Miss Lee?
3. nĭmen zhīdao buzhidào Cháng Jiāng hǎokàn buhǎokàn?	Do you know whether the Yangtze River is beautiful?
4. nĭ zhīdao buzhidào ta nèige péngyou hǎo buhǎo?	Do you know whether that friend of hers is good or not?

V. QUESTION WITH NOUN *ne*

ZHÈIGE HÁIZI XÌNG WÁNG, NÈIGE NE?

(N   ᐠ   NE?)

This child is surnamed Wong, what about the other one?

1. Jiǎng Xiānsheng xǐhuan háizi, Jiǎng Tàitai ne? — Mr. Chiang likes children, what about Mrs. Chiang?
2. tā xìng Lù, nǐ ne? — His surname is Lu, what about you?
3. nèige háizi yǒu Zhōngguo míngzi, zhèige ne? — That child has a Chinese name, what about this one?
4. Jiānádà hěn dà, Èguo ne? — Canada is very big, what about Russia?

VI. NAMING

A. With *xìng*

1. TĀ XÌNG ZHÀO.

N (BÚ)XÌNG O.

Her surname is Chao.

1. wǒ búxìng Lǐ, wǒ xìng Wáng — My surname is not Lee, it's Wong.
2. tā xìng shémma? tā xìng Sītú. — What is his surname? It's Seeto.

2. ZHĒN-ZHĒN SHÌ BUSHÌ XÌNG ZHĀNG?

N SHÌ BUSHÌ XÌNG O?

Is Chen-chen's surname Chang?

1. tā shì bushì xìng Huáng? — Is his surname Huang?
2. nèige nǚháizi shì bushì xìng Gāo? — Is that girl's surname Kao?

Lesson 5

        N   GUÌ   XÌNG?
3. **NÍN GUÌ XÌNG?**
   What is your (honorable) surname?

1. nín nèiliǎngge péngyou guì xìng?   What are the (honorable) surnames of those two friends of yours?
2. nèiwèi Rìběn jiàoshòu guì xìng?   What is the (honorable) surname of that Japanese professor?

B. With *míngzi*

        N   (BÙ)JIÀO   O
1. **WǑ BÚJIÀO GUÓXIĀN; WǑ JIÀO GUÓXÌN.**
   I'm not called Kuo-hsien; I'm called Kuo-hsin.

1. Máo Xiáojie jiào Měi-zhēn.   Miss Mao is called Mei-chen.
2. zhèige jiào fěnbǐ.   This is called chalk.
3. nèitiáo Zhōngguo hé jiào Zhū Jiāng.   That Chinese river is called the Pearl River.

        N   (MÍNGZI)   JIÀO   SHÉMMA?
        N   JIÀO   SHÉMMA MÍNGZI?
2. **ZHÈNG TÀITAI JIÀO SHÉMMA?**
   What is Mrs. Cheng's first name?

1. ni nèige tóngxue jiào shémma?   What is the name of your classmate?
2. zhèitiáo lù jiào shémma míngzi?   What is the name of this road?
3. nèige nánháizi, míngzi jiào shémma?   What is that boy called?

        N₁   X-GUO   HUÀ   JIÀO   SHÉMMA?
3. **ZHÈIGE, FÀGUO HUÀ JIÀO SHÉMMA?**
   How do you say this in French?

1. zhuōzi, Rìběn huà jiào shémma?   What is "table" in Japanese?
2. gāngbǐ, Yīngwén jiào shémma?   How do you say "pen" in English?

VII. THE EQUIVALENT PATTERN USING shi

N₁　SHÌ　N₂.
TA　SHÌ　DÉGUO RÉN.
He is from Germany.

1. zhèiwèi shì Wáng Tàitai.　　　　This is Mrs. Wang.
2. nèige háizi shì Rìběn rén.　　　　That child is Japanese.
3. nǐ shì Yīngguo rén ma?　　　　Are you from England?
4. tamen búshì Èguo rén.　　　　They are not from Russia.
5. nèige shān shì bushì Tài Shān.　　Is that Mount T'ai?
6. nèige búshì Zhào Xiáojie.　　　　That's not Miss Chao.
7. tamen dōu shì Fǎguo rén ma?　　Are they all from France?
8. yǒude shì Zhōngguo shū, yǒude　Some are Chinese books and
　　shì Hánguo shū.　　　　　　　　　some are Korean books.
9. wo nèijibǎ dōu shì jiù yǐzi.　　　Those are all old chairs of mine.

VIII. PARTIAL INCLUSION: WHOLE BEFORE PARTS

SPNU₁M　　N₁　　NU₂M　　V(O)　　NU₃M　　(BU)V(O).
ZHÈI SĀNGE BIǍO, LIǍNGGE HǍO, YÍGE BÙHǍO.
Of these three watches, two are good, one is not.

1. ta nèiliǎngge háizi, yíge shì nánháizi,　Of his two children, one is a
　　yíge shì nǚháizi.　　　　　　　　　　boy, the other is a girl.
2. zhèijibǎ yǐzi, yǒude xīn, yǒude bùxīn.　Of these chairs, some are new, some are not.
3. nèisìge rén, liǎngge shì Yīngguo rén,　Two of those four people are from England;
　　liǎngge shì Jiānádà rén.　　　　　　the other two are from Canada.
4. nǐmen dōu shuō dǒng, kěshi yǒude　You all say that you understand; however,
　　dǒng, yǒude bùdǒng.　　　　　　　some do and some don't.

LESSON 6

I. GIVING PRICES

        N   V   NU   M (MONEY EXPRESSION).

A. HUÀR MÀI DUŌSHAO QIÁN?
How much are the paintings?

1. zhǐ yào duōshao qián? — How much for the paper?
2. zhǐ shì shíkuài jiǔmáo wǔ. — The paper cost ten dollars and ninety-five cents.
3. zhèixie jiù shū shì yìbǎiduōkuài. — These old books are over one hundred dollars.
4. nèixie qiānbǐ yào liǎngkuài líng qīfēn. — Those pencils are two dollars and seven cents.

    N   (V)   NUM (MONEY EXPRESSION)   NUM (PER UNIT).

B. HUÀR MÀI DUŌSHAO QIÁN YÌZHĀNG?
How much apiece are the paintings?

1. Zhōngguo huàr shì yìqiānkuài qián yìzhāng. — Chinese paintings sell for one thousand dollars each.
2. zhèixiē yǐzi yào èrshikuài qīmáo wǔ yìbǎ. — These chairs cost twenty dollars and seventy-five cents each.
3. Fàguo zhǐ mài wǔkuài liǎngmáo qián yìbǎizhāng. — French paper costs five dollars and twenty cents for a hundred sheets.
4. qiānbǐ shì yíkuàiwǔ yìdá. — Pencils are one dollar and fifty cents per dozen.
5. fěnbǐ yào liǎngmáo qián bàndá. — Chalk is twenty cents for a half dozen.

II. TOTALS

A. With pricing

    N   YÍGÒNG   (V)   NUM (MONEY EXPRESSION).

ZHÈIXIE ZHUŌZI YÍGÒNG MÀI DUŌSHǍO QIÁN?
How much is it altogether for these tables?

1. zhèijǐzhāng huàr yígòng mài bābǎiduōkuài qián. — These paintings sell for over eight hundred dollars altogether?

2. bàndá qiānbǐ yígòng shì   One half dozen pencils sell for a total of
   yíkuài liǎngmáo èr.   one dollar and twenty-two cents.
3. Rìběn zhǐ yígòng yào shíjikuài.   Japanese paper cost over ten dollars altogether.
4. nèiliǎngge biǎo yígòng mài   Those two watches cost two hundred and forty
   liǎngbǎisì.   dollars altogether.
5. zhèijīzhī gāngbǐ yígòng duōshǎo   How much are these pens altogether?
   qián?

B. With other totals

N	YÍGÒNG	(YǑU/SHÌ)	NUM	N.
WOMEN	**YÍGÒNG**	**YǑU**	**SHÍERGE**	**RÉN.**

We are, altogether, twelve people.

1. zhèige xuéxiào yígòng yǒu   How many students are there
   duōshǎo xuésheng?   in this school altogether?
2. nèige xuéxiào yígòng yǒu   That school has over four
   sìqiānduōge nǚxuésheng.   thousand female students altogether.
3. Lǐ Xiānsheng yígòng yǒu jǐge   How many children does Mr. Lee have
   háizi?   altogether?
4. wo yígòng yǒu èrshiduōge nǚtóngxue.   I have over twenty female classmates.

III. "Will pay for" with *mǎi*

(N), NUM (MONEY EXPRESSION)	(MǍI)	NUM.
YÍKUÀI QIÁN	**MǍI**	**JǏGE?**

How many will one dollar pay for/buy?

1. zhǐ, wǔkuài qián mǎi duōshǎo   How many sheets of paper will
   zhāng?   five dollars buy?
2. wǔkuài qián mǎi yìbǎi zhāng.   Five dollars will pay for one hundred sheets.

Lesson 6

IV. DISTRIBUTION

    (N),   NUM   N   NUM

SHŪ, YÍGE RÉN YÌBĚN (N).

    One book per person.

1. zhǐ, yíge rén liǎngzhāng.	Two sheets of paper per person.
2. huàr, yíge xuésheng yìzhāng.	One painting per student.
3. zhuōzi, yíge xuéxiào shízhāng.	Ten tables per school.
4. liǎngge rén kàn yìběn shū.	Two persons share one book.
5. qián, yíge háizi wǔmáo.	Fifty cents per child.

V. GRAND TOTALS

NUM N   NUM   TOTAL

LIǍNGBĚN SHŪ, SHÍSÌKUÀI LÍNG ÈR; SĀNDÁ GĀNGBǏ, ÈRSHI KUÀI LÍNG BĀ. YÍGÒNG, SĀNSHISÌ KUÀI YÌMÁO QIÁN.

Fourteen dollars and two cents for two books; Twenty dollars and eight cents for three dozen pens. Altogether, thirty-four dollars and ten cents.

1. liǎngwèi nánxiānsheng, sānwèi nǚxiānsheng, yígòng wǔwèi xiānsheng.	Two male teachers, three female teachers, altogether five teachers.
2. liùbǎige nǚxuésheng, sìbǎige nánxuésheng, yígong shì yìqiānge xuésheng.	Six hundred female students and four hundred male students, altogether one thousand students.

VI. MEASUREMENT

    N   (A)   (YǑU)   NUM / DUŌ(MA)   SV.

ZHÈIZHĀNG ZHUŌZI YǑU DUŌ CHÁNG?

    How long is this table?

1. nèitiáo lù yǒu duō yuǎn?	How far is that road?
2. nèige háizi jiù yǒu sìchǐ.	That child is only four feet (tall).

3. Zhào Tàitai yǒu wǔchǐ   Is Mrs. Chao five feet seven
   qīcùnbàn ma?   and one half inches (tall)?
4. ni zhīdao zhèibǎ yǐzi you   Do you know how high this
   duō gāo ma?   chair is?
5. Cháng Jiāng yǒu wǔqiān qī-   The Yangtze River is over
   bǎiduō gōnglǐ.   5700 kilometres long.
6. nèizuò shān yǒu jǐqiānduōchǐ gāo.   That mountain is over several thousand feet.

VII. INDEFINITE NUMBERS

$$\text{NU}_1 \quad \text{NU}_2 \quad \text{M} \quad \text{(N)}$$
YÌ   LIǍNGGE PÉNGYOU
one or two friends

1. wo jiù yǒu liǎng-sānkuài qián.   I have only two or three dollars.
2. wǒmen yǒu shíwǔ-liùge xuésheng.   We have fifteen or sixteen students.
3. zhèitiáo lù shì èr-sānshílǐ cháng.   This road is about twenty or thirty miles long.
4. zhèige xuéxiào yǒu liǎng-sān-   This school has two or three thousand
   qiānge nǚxuésheng.   female students.

VIII. Imperative sentences with *ba, hǎo buhǎo* or *qǐng*

_____BA.
_____, HAO BUHAO?
QING NI_____.

NǏ WÈN TA BA.
You ask him, if you don't mind.

1. wo méiyou qián, nǐ gěi qián   I don't have any money. Do
   ba.   you mind paying?
2. mǎi zhèizhāng huàr ba.   Let's buy this painting, if you don't mind.
3. gěi wǒ yíbàn, hǎo buhǎo?   How about giving me half of it?
4. qǐng nǐ màigei Zhāng Xiānsheng ba.   Please sell it to Mr. Chang, if you don't mind.

IX. XIĂNG

A. As verb

N₁   XIĂNG   N2   (BÙ)V   (O).
WŎ XIĂNG TĀ BÙDŎNG.
I don't think he understands.

1. wǒ xiǎng liǎngmáo qián yìdá búguì.   I don't think twenty cents a dozen is expensive.
2. wǒ xiǎng ta búshì Rìběn rén.   I don't think she is Japanese.
3. wǒ xiǎng zhèige búgòu cháng.   I don't think this is long enough.
4. wǒ xiǎng zhèige xuéxiào méiyou yíwànge xuésheng.   I don't think this school has ten thousand students.

B. As an auxiliary verb

N   (A)   (BÙ)XIĂNG   V   O
TĀMEN BÙXIĂNG MÀIGEI WO.
They don't intend to sell it to me.

1. yǒude Měiguo rén bùxiǎng shuō Zhōngguo huà.   Some Americans do not want to speak Chinese.
2. ta bùxiǎng mài nèizhāng huàr.   He doesn't intend to sell that painting.
3. wo hěn xiǎng mǎi, kěshi wo méiyou qián.   I would very much like to buy it, but I don't have the money.
4. ni xiǎng gěi ta duōshǎo?   How much do you intend to give him?

X. THE PIVOT AFTER yǒu/méiyou

YǑU   NUM   N   V   O
A. **YǑU LIĂNGGE XUÉSHENG XÌNG WÁNG.**
There are two students who are surnamed Wong.

1. yǒu jǐge rén zhīdao?   How many people are there who know?
2. yǒu sānge nǚxuésheng méiyou shū.   There are three co-eds who do not have books.

3. yǒu yíwèi jiàoshòu shì Èguo rén.   There is one professor who's Russian.
4. yǒu jǐbǎige xuésheng xiǎng   There are several hundred students who
    mǎi shū.   want to buy books.

        YǑU   TRANS O   N   (BÙ) V.

B. YǑU LIǍNGGE RÉN, TA BÙXǏHUAN.
There are two persons he dislikes.

1. yǒu shíduōkuài qián, wo yào gěi nǐ.   I have over ten dollars that I want to give you.
2. yǒu jǐzhāng Fǎguo huàr, wo   There are a few French paintings I would
    hěn xiǎng mǎi.   very much like to buy.

     (MÉI)YǑU   RÉN   (BÙ) V (O)

C. YǑU (YI)GE RÉN YÀO MǍI HUÀR.
There is a person who wants to buy a painting.

1. méiyou rén xìng Jiǎng.   No one is surnamed Chiang.
2. méirén bùzhīdào.   Everyone knows.
3. yǒu rén shuō nèizhāng huàr   Someone said that painting sells for one
    mài yìqiānkuài qian.   thousand dollars.
4. yǒu rén wèn wǒ zhèige xuéxiào   Someone asked me whether this
    hǎo buhǎo.   school is good or not.
5. yǒu rén shuō tā búshì Jiānádà rén.   Some people say that she is not Canadian.
6. méiyou rén bùzhīdao ta.   Everyone knows of him.

LESSON 7

I. THE AUXILARY VERBS (AV)

A. In statements

```
N     (BÙ) AV      V    O
TĀ    BÙ  XǏHUAN   HĒ   TĀNG.
```
She doesn't like soup.

1. Lǐ Tàitai búai zuò fàn.   Mrs. Lee doesn't like to cook.
2. nèige xuésheng huì shuō Fàguo huà.   That student knows how to speak French.
3. wo búyuànyi gàosu ta.   I don't want to tell him.
4. tamen bùxiǎng zuò mǎimai.   They don't intend to go into business.
5. nèixie xiānsheng yào chī yìdiǎr shuǐguǒ. Those teachers want to have some fruit.

B. In questions

```
N  (BU)AV              V(MOD)   MA
N   AV     BU AV       V(MOD))  O
N   AV                 V(MOD)O  BU AV
NǏ  NÉNG   BÙNÉNG      KÀN      ZHŌNGWÉN BÀO?
```
Can you read Chinese newspapers?

1. nimen xǐhuan chī júzi ma?   Do you like oranges?
2. tàitaimen yào búyào hē yìdiǎr kāfēi? Do the ladies want some coffee?
3. ni yuànyi búyuànyi màigěi wo?   Are you willing to sell it to me?
4. Zhāng Xiānsheng xǐhuan
   bùxǐhuan chī ròu?   Does Mr. Chang like meat?
5. Wáng Xiáojie néng bùnéng zuò
   nèige shìqing?   Can Miss. Wang do that job?
6. ta huì shuō něiguo huà?   What language does he speak?
7. ta nèige nánháizi xiǎng bùxiǎng
   zuò shì?   Does that boy of hers intend
                                            to work?
8. nǐ yuànyi búyuànyi gěi wǒ qián?   Are you willing to give me some money?

II. VERBS THAT TAKE SENTENCES AS OBJECT

```
        N     V      S    (AQV)   V    O
        WO   XIĂNG   TĀ   YÀO    HĒ   PÍJIŬ.
```
I think he wants to drink some beer.

1. wo qǐng ta zuò Rìběn cài. — I'm asking her to cook some Japanese dishes.
2. ta qǐng nǐ mǎi liùpíng qìshuǐ. — He's asking you to buy six bottles of soda.
3. wèn ta xǐhuan buxǐhuan chī píngguo. — Ask him if he likes apples.
4. wèn ta shéi huì zuò Èguo cài. — Ask her who who can cook Russian dishes.
5. qǐng ni wèn ta yào mǎi jǐzhī gāngbǐ. — Please ask him how many pens he wants to buy.
6. ta shuō ta búhuì hē jiǔ. — She says that she doesn't drink.
7. ta shuō nèibēi kāfēi bùhǎohē. — He says that cup of coffee is not tasty.
8. wo shuō táng bùdōu hǎochī. — I'm saying that not all candies are tasty.
9. wo zhīdao ta ài hē Yīngguo chá. — I know she likes English tea.
10. wo bùzhīdào zhèige cài shì něiguo cài. — I don't know what country's cooking this is.
11. wo jiù zhīdao tā xìng Huáng; wo bùzhīdào tā jiào shémma. — I only know that her surname is Huang; I don't know what her (given) name is.
12. wo xiǎng ta búài hē Zhōngguo jiǔ. — I don't think he likes Chinese wine.
13. ni xiǎng tamen yuànyi qǐng wǒ ma? — Do you think they want to invite me?
14. wo xiǎng zhèixiē júzi tài suān. — I think these oranges are too sour.
15. nǐ xiǎng èrshikuài qián yìběn bútài guì ma? — Don't you think twenty dollars per volume is too expensive?
16. wo xiǎng zhèige shì bùróngyi zuò. — I don't think this job is easy.
17. ni xiǎng ta huì shuō Rìběn huà ma? — Do you think he speaks Japanese?
18. qǐng nǐ gàosu wo nèige cài hǎochī bùhǎochī. — Please tell me if that dish is tasty.
19. ta búgàosong wo ta qǐng shéi. — He is not telling me which persons he is inviting.
20. ta gàosu wo ta jiù xǐhuan chī qīngcài. — He tells me that he only likes vegetables.

Lesson 7

III. THE USE OF *zài*
A. In commands

        ZÀI   V   (BA)
        ZÀI   VV   (BA)

1. (NI) ZÀI XIĂNGXIANG.
    Think it over (again).

1. women zài wènwen tā, hǎo buhǎo?   Let's ask him again, OK?
2. ni zài kànkan ba.   Read it over again.

    (QĬNG) N ZÀI V NUM (O)

2. QĬNG NĬ ZÀI CHĪ YÍ KUÀI TÁNG BA.
    Please have another piece of candy.

1. qǐng nǐ zài shuō yìdiǎr.   Please say some more.
2. zài hē yìpíng píjiǔ ba.   Have another bottle of beer.
3. zài chī liǎngwǎn fàn, hǎo buhǎo?   How about having two more bowls of rice?
4. qǐng ni zài gěi wo yìsháor táng.   Please give me one more spoonful of sugar.

B. In statements

    N   (AV)   ZÀI   VV   (O)

1. TAMEN YÀO ZÀI XIĂNGXIANG.
    They want to think it over (again).

1. women xiǎng zài wènwen ta.   We intend to ask him again.
2. wo yào zài qǐngqing tamen.   I want to invite them again.

    N   VV   (O),   ZÀI V (O)
    N   V NUM (O), ZÀI V (O)

2. WOMEN HĒ DIĂR JIǓ ZÀI CHĪ FÀN.
    Let's have a little drink before we eat.

1. wo xiǎngxiang, zài mǎi.   I'll think it over, then I'll buy it.
2. ta yào wènwen, zài gàosu ni.   He wants to (ask) find out, then tell you.
3. women chī yìdiǎr fàn zài hē tāng.   Let's eat a little before having the soup.

```
              N    (AV)   ZÀI   V    NUM      (O)
3.           TA   XIĂNG  ZÀI  MĂI  JĬ ZHĀNG HUÀR.
```
He intends to buy some more paintings.

1. wo xiăng zài chī yìdiăr qīngcài.   I intend to eat more vegetables.
2. ta yào zài qĭng liăngge péngyou.   He wants to invite a couple of more friends.
3. women yào zài măi xiē zhĭ.   We want to buy more paper.
4. Wáng Tàitai xiăng zài hē yìwăn tāng.   Mrs. Wang wants to drink another bowl of soup.

LESSON 8

I. MODIFICATION OF NOUNS BY NOUNS

A. Without *de*

1. Name of countries as modifiers

N₁   N₂   (A)   SV / VO
ZHŌNGGUO JÚZI HĚN HǍOCHĪ.

Chinese oranges are tasty.

N₁ (AV)   V   N₂   N₃
WǑMEN ÀI CHĪ FǍGUO FÀN.

We love French food.

1. Rìběn rén dōu ài hē chá ma?   Do all Japanese people like tea?
2. ta xǐhuan kàn Měiguo zúqiú.   He likes to watch American football.
3. Jiānádà qìshuǐ zhēn hǎohē.   Canadian soda pop is good to drink.
4. wo búrènshi nèiwèi Déguo tóngxué.   I am not acquainted with that German (fellow) student.

2. Pronouns of close relationship as modifiers

PRO   N   (A)   SV/V   O
NǏ XIĀNSHENG DǑNG ÉWÉN MA?

Does your husband understand Russian?

N₁   (A)   V   PRO   N₂
NǏMEN XIǍNG QǏNG TA MÈIMEI MA?

Do you intend to invite his younger sister?

1. wo dìdi hěn ài dǎ bàngqiú.   My younger brother loves to play baseball.
2. women jiù rènshi ta mǔqin.   We only know his mother.
3. ni xiōngdì dōu huì dǎ lánqiú ma?   Can all of your brothers play basketball?
4. ta tàitai jiāo Yīngwen, shì bushì?   Isn't it true that his wife teaches English?

B. With *de*
1. Nouns and pronouns as modifiers of objects

N_1 DE N_2 (A)   SV

TA DE SHÌQING HĚN NÁNZUÒ.

Her job is very difficult to do.

N_1 (AV)   V N_2 DE N_3

TA BÚ YUÀNYI MÀI TA DE HUÀR.

He is not willing to sell his paintings.

1. lǎoshīmen de shū dōu hěn jiù.   The teachers' books are all very old.
2. ni wèishemma bùhē tade píjiǔ?   Why don't you drink his beer?
3. ta gēge de mǎimai dà budà?   Is his older brother's business very big?
4. wo mèimei de zhǐ, yíbàr shì Zhōngguo zhǐ.   Half of my younger sister's paper is Chinese (paper).
5. ni zěmma xiě nǐde míngzi?   How do you write your name?

2. Nouns and pronouns as modifiers with no close relationship

PRO / N_1 DE N_2 (A)   SV / V   O

TAMEN DE LǍOSHĪ XÌNG SHÉMMA?

What is the surname of their teacher?

N_1 (AV)   V   PRO / N_2 DE   (SV) N_3

WO HĚN XǏHUAN TĀ DE XĪN TÓNGXUÉ.

I like her new fellow student a lot.

1. wo xiǎng tade jiàoshòu dōu hěn yǒumíng.   I think that all her professors are well known.
2. ni zhīdao shéide xiānsheng dǒng Hánwén ma?   Do you know whose teacher understands Korean?

Lesson 8

3. Nouns and pronouns of many syllables as modifiers

```
  PRO   N₁    DE    N₂       (A)   SV / V   O
  TA   TÀITAI  DE   FÙMǓ           BÙ CHĪ  RÒU.
```
(His wife's parents don't eat meat.)
His in-laws are vegetarians.

```
  N₁   (AV)  V    PRO / N₂       DE    N₃
  WǑ         JIĀO WÁNG XIĀNSHENG  DE   LIǍNGGE HÁIZI.
```
I'm teaching Mr. Wong's two children.

1. wǒ jiějie de háizi dōu huì xiě Zhōngguo zì. — All of my older sister's children can write Chinese characters.
2. Chén Tàitai de mǔqin bùzěmma yǒuqián. — Mrs. Chen's mother is not that rich.
3. wo yào wènwen wǒ xiānsheng de dìdi. — I'm going to ask my (husband's younger brother) brother-in-law.
4. ta tàitai de mèimei hěn ài dǎ wǎngqiú. — His (wife's younger sister) sister-in-law likes to play a lot of tennis.

C. Omitting the modified noun

```
  N₁      DE    (N₂)
  SHÉMMA  RÉN   DE?
```
Whose is it?

1. nǐde dà, wǒde xiǎo. — Your's is bigger, mine is smaller.
2. wo búyào xuéxiàode. — I don't want the ones belonging to the school.
3. ta tàitai de bùhǎochī. — His wife's is not tasty.
4. wo bùxǐhuan wode zì, wo xǐhuan Zhāng Tàitai de. — I don't like my characters; I like Mrs. Chang's.

D. Money expressions as modifiers

```
        N    V     NUM    (QIÁN)  DE   O
1.     WǑ   YÀO  SĀNKUÀI  QIÁN   DE  ZHǏ.
```
I want three dollars worth of papers.

1 qǐng ni gěi wǒ liǎngkuài qián de táng. Please give me two dollars worth of candies.
2 wǔkuài qián de júzi búgòu. Five dollars worth of oranges are not enough.

```
        N   (AV)   V   (NUM)   NUM   (QIÁN)  NUM  DE    O
2.     WǑ  YÀO   MǍI  SHÍGE  YÍKUÀI  QIÁN  YÍGE  DE  PÍNGGUO.
```
I want to buy ten of the apples which cost one dollar each.

1 qǐng ni gěi wǒ yìbǎizhāng wǔfen qián yìzhāng de zhǐ. Please give me one hundred sheets of the paper which costs five cents a sheet.
2 ta yào mǎi bànda shíèrkuài qián yìdá de píjiǔ. He wants to buy a six-pack of beer which costs twelve dollars for each twelve-pack.
3 wo jiù xiǎng mǎi sānshikuài qián yígè de zhuōzi. I only want to buy tables which cost thirty dollars each.

II. MODIFICATION OF NOUNS BY STATIVE VERBS
A. Without *de*: one syllable or simple SV

```
       SV₁    N    (AV)   SV₂
       HǍO   RÉN    BÙ   DUŌ.
```
There are not many good people.

```
       S    (AV)   V    SV     N
       TA   BÚAI  CHĪ  SUĀN  PÍNGGUO.
```
He doesn't like sour apples.

1. ni yǒu meiyǒu jiù bào? Do you have any old newspapers?
2. ta yào xiě yìběn xīn shū. He is going to write a new book.
3. nimén yǒu duōshao xīn xuésheng? How many new students do you have?
4. Déguo yǒu gāo shān ma? Does Germany have high mountains?

Lesson 8

B. With *de*: compound stative verbs or stative verbs with adverbs as modifiers

(A₁)　SV₁　　　DE　N　　(A₂)　　SV₂
HĚN YǑU QIÁN DE RÉN BÚTÀI DUŌ.

There aren't very many wealthy people.

N　　(AV)　V　(A)　SV　DE　N₂
TĀ JIÙ ÀI CHĪ HĚN LÀ DE CÀI.

He only likes to eat very hot dishes.

1. yǒuyìsi de shū duō buduō? — Are there a lot of interesting books?
2. wo bùxǐhuan hē hěn tián de qìshuěr. — I don't like to drink soda that is too sweet.
3. Wáng Xiáojie de fùqin shì yige hěn yǒumíng de rén. — Miss Wong's father is a famous person.
4. Zhōngguo yǒu jige hěn dà de shān. — China has a few large mountains.
5. ta rènshi yíge hěn hǎokàn de nǚháizi. — He knows a very good-looking girl.

C. With *de*: omitting the modified noun

　　　　　　　SV　DE　(N)
WO DĚI MǍI YÍGE XĪN DE.

I have to buy a new one.

1. nǐ néng bunéng gěi wǒ yíge piányi de? — Can you give me an inexpensive one?
2. women búyào mǎi nèige guìde. — We don't want to buy that expensive one.
3. ni hē nèibēi dàde, wǒ hē zhèibēi xiǎode. — You drink that large one, and I'll drink that small one.
4. nèige rén jiù xǐhuan yǒu-qiánde (péngyou). — He only likes wealthy friends.

III. NOUN PHRASES DENOTING OCCUPATION

$$\text{TA FÙQIN SHÌ YÍGE } \overset{V}{\text{DǍ}} \overset{O}{\text{ZÚQIÚ}} \overset{DE}{\text{DE.}}$$

His father is a (professional) football player.

1. wo fùmǔ, jiěmèi dōu shì jiāoshūde. My parents and my sisters are all teachers.
2. màibàode yào qián. That newspaper vender wants (his) money.
3. tamende péngyou dōu shì zuòmǎimaide. Their friends are all in business.
4. màijiǔde mài bumài qìshuǐ? Does the wine seller sell soda?

IV. STATIVE VERBS AS ADVERBS

$$\overset{N}{\text{ZHŌNGGUO CÀI}} \quad \overset{(A)}{} \overset{A}{\text{NÁN}} \overset{V}{\text{ZUÒ}} \overset{MA}{\text{MA?}}$$

$$\overset{N}{\text{ZHŌNGGUO CÀI}} \quad \overset{A}{\text{NÁN}} \overset{V}{\text{(ZUÒ)}} \overset{(BÙ)}{\text{BÙ}} \overset{A}{\text{NÁN}} \overset{A}{\text{ZUÒ?}}$$

Are Chinese dishes difficult to make?

1. zhèijige zì dōu bùhǎo xiě. These characters are all difficult to write.
2. wǎngqiú nán dǎ bùnán dǎ? Is tennis difficult to play?
3. Zhōngguo huà hěn róngyi xué. Chinese is easy to learn.
4. nǐ xiǎng Yīngwén róngyi jiāo ma? Do you think English is easy to teach?

V. *xué* AS BOTH VERB AND AUXILIARY VERB

A. As verb

$$\overset{N}{\text{NǏ}} \quad \overset{AV}{\text{XIǍNG}} \overset{V \text{ (XUÉ)}}{\text{XUÉ}} \overset{O}{\text{SHÉMMA?}}$$

What do you intend to learn?

1. wo yào xué yìdiǎr Fàwén. I want to learn some French.
2. ni wèishémma yào xué Zhōngwén? Why do you want to learn Chinese?
3. ta xué buxué Rìwén? Is he studying Japanese?

Lesson 8

B. As auxiliary verb

```
  N      AV (XUÉ)    V      O
  NǏ      XUÉ      SHUŌ  NĚIGUO HUÀ?
```
What language are you learning?

1. ta yào xué zuò Fǎguo fàn.   He wants to learn French.
2. xué dǎ wǎngqiú bùnán.   It's not difficult to learn how to play tennis.
3. ta dìdi hěn xiǎng xué xiě   His younger brother really wants to
   Rìběn zì.   learn Japanese characters.

LESSON 9

I. NOUNS CLAUSES AS MODIFIERS OF NOUNS

A. Modification of objects

```
     N        (AV)    V    DE    O
   TAMEN             MĂI   DE   QÌCHĒ
```
the cars that they sell

1. wǒ érzi mǎi de mǎ — the horse that my son bought
2. wǒ jiějie zuò de yīshang — the clothes my sister made
3. tā fùqin xiě de zì — the characters that her father wrote
4. nǐ chuān de lǜ yīshang — the green garment that you're wearing
5. wǒmen rènshi de wàiguo rén — the foreigners that we know
6. tā chī de júzi — the oranges which he is eating
7. wǒ māma zuò de cài — the dishes my mom cooks
8. wǒ yào gěi tā de huār — the flowers I want to give her

B. Modification of subjects

```
   (AV)    V      O      DE    N
  XIĂNG   ZUÒ  MĂIMAI   DE   RÉN
```
the people who intend to go into business

1. dǎ wǎngqiú de nǚháizi — girls who play tennis
2. ài kàn zúqiú de rén — people who like to watch football
3. huì shuō Rìběn huà de lǎoshī — teachers who know how to speak Japanese
4. xǐhuan hē píjiǔ de xuésheng — students who like beer
5. néng mǎi Déguo qìchē de rén — people who are able to buy German cars
6. zuì bú ài zuò fàn de rén — people who dislike cooking the most
7. yào zhòng cài de péngyou — friends who want to grow vegetables

C. The modified noun specified

1. Objects specified

N	(A)	(AV)	V	DE	SPNUM	O
TA			MǍI	DE	NÈILIǍNGGE	YǏZI

those two chairs that she bought

1. wo nǚer xǐhuan de nèijige péngyou — those (few) friends that my daughter loves
2. ta shuō de nèige shìqing — the job he talked about
3. tamen mài de zhèixie jiù qìchē — these used cars that they sell
4. nimen qǐng de nèijiwèi xiáojie — the young ladies that you have invited
5. Zhào Tàitai cháng chuān de nèijiàn lán yīshang — the blue dress that Mrs. Chao often wears
6. wo jiāo de nèixiē xuésheng — those students that I teach
7. ni bàba zhòng de nèixiē huār — those flowers your dad planted

2. Subjects specified

(AV)	V	O	DE	SPNUM	N
YÀO	XUÉ	HUÀ ZHŌNGGUO HUÀR	DE	NÈIGE	XUÉSHENG

the student who wants to learn Chinese painting

1. huì zuò yīshang de nèiwèi tàitai — the lady who knows how to make clothes
2. yào gěi xuéxiào qián de nèige rén — the person who wants to give a donation to the school
3. bùài xiě zì de nèijige háizi — those children who dislike writing
4. ài mǎi wàiguo chē de nèiliǎngge péngyou — those two friends who like to buy foreign cars
5. xǐhuan dǎ bàngqiú de nèijige nǚxuésheng — those co-eds who like to play baseball

D. Omission of modified noun(s) or specified expression(s)

```
   N     (A)   (AV)   V    DE
   TA          YÀO    HĒ   DE
```
(the) one(s) he want(s) to drink

```
  (AV)    V      O      DE
  HUÌ   SHUŌ   DÉWEN    DE
```
(the) one(s) who know(s) how to speak German

1. tamen ài chī de — (the) one(s) they like to eat
2. xǐhuan dǎ lánqiú de — (the) one(s) who like to play basketball
3. kéyi zuò de — that which can be done
4. bùzěmma chuān de — (the) one(s) not often worn
5. rènshi Huáng Xiānsheng de — those who know Mr. Huang

II. Noun clauses in sentences

A. As subjects

```
CLAUSE DE,     (A)   (AV)   V     O
MÀI RÒU DE     BÚ           MÀI   ZHŪ.
```
The butcher does not sell pigs.

```
CLAUSE DE,         (A)    (A)   SV
TA MǍI DE JIǓ      DŌU    BÙ    PIÁNYI.
```
The wines he bought are all expensive.

```
CLAUSE DE,            (A)SHÌ    (JIÀO, XÌNG)       O
TĀMEN MǍI DE QÌCHĒ    SHÌ                      LÁNYÁNSEDE
```
The car they bought is blue.

1. xìng Lǐ de rén bùyídìng dōu rènshi. — Those who are surnamed Lee are not necessarily all acquainted with each other.

2. nèige rén shuō de huà dōu bútài yǒuyìsi. — Everything that person says is uninteresting.

Lesson 9

3. jiāo Zhōngwén de lǎoshīmen zhèngzai chī fàn ne. — The Chinese teachers are in the middle of eating.
4. ta tàitai zuò de cài dōu shì là cài. — All the dishes that his wife cooks are peppery.
5. ta xiě de shì bushì Hánguo zì? — Are the characters he is writing Korean?
6. wo qǐng de nèiwèi péngyou shì yíge hěn yǒumíng de jiàoshòu. — The person that I've invited is a well-known professor.
7. ni gěi ta de qián gòu bugòu? — Is the money you gave him enough?

B. As objects

```
   N     (A)   (AV)    V      CLAUSE DE
   WO    BU           DONG    TA WEN DE.
```
I don't understand what she is asking.

```
   TRANSPOSED CLAUS DE,  N      (A)     (AV)   V
   TAMEN QING       DE,  WOMEN  DOU BU         RENSHI.
```
We don't know any of those they invited.

```
   N         (A)   SHI     CLAUSE        DE
   TA FUQIN  YE    SHI     YIGE JIAO SHU DE.
```
His father is also a teacher.

1. ni xǐhuān wǒ zhòng de zhèixiē huār ma? — Do you like these flowers that I planted?
2. ta hái děi xiūlixiuli ta mǎi de jiù qìchē. — He still has to fix the used car he bought.
3. ni gěi wo jièshao de nèige péngyou, wo zhēn xǐhuan. — I really like the friend you introduced me to.
4. ni rènshi bùrènshi yíge huì xiūli wàiguo chē de? — Do you know anybody who can repair foreign cars?
5. Wáng xiáojie de mèimei shì bushì màishū de? — Does Miss. Wang's sister sell books?

III. CLAUSES IN SENTENCES WITH THE VERB *shì*

A. Modified noun as subject

| SPNUM | N | SHÌ | CLAUSE | DE |

ZHÈIXIĒ XUÉSHENG SHÌ YÀO XUÉ ZHŌNGWÉN DE.

These are the students who want to study Chinese.

1. nèige shì yào mǎi huār de. — That's the one who wants to buy flowers.
2. zhèige shi yào mǎi qīngcài de. — This is the one who wants to buy vegetables.
3. nèisānge tóngxué shì xiǎng xué Èwén de. — Those three fellow students are the ones who intend to learn Russian.
4. zhèijǐge wàiguo rén shi dǒng Zhōngguo huà de. — These foreigners are the ones who understand Chinese.
5. zhèixiē rén shi yào mǎi nǐde qìchē de. — These are the people who want to buy your car.
6. nèige xuésheng shi huì dǎ lánqiú de. — That is the student who knows how to play basketball.

B. Modified nouns as transposed objects

1. Past tense with punctual verbs

| SPNUM O, | (A) | SHÌ | N | V | DE |

NÈIJIÀN YĪSHANG SHI WO MĀMA ZUÒ DE.

My mother made that dress.

1. zhèièrshikuài qián, shi ta gěi wǒ de. — He gave me these twenty dollars.
2. nèizhāng huàr búshi wǒ huà de. — I didn't paint that painting.
3. zhèixie hóng huār dōu shi nǐ zhòng de ma? — Did you plant all of these red flowers?
4. nèixiē shū shì bushi Chén Xiānsheng xiě de? — Did Mr. Chen write those books?
5. nèixiē rén dōu shì nǐ qǐng de. — You invited those people.
6. nèige nánháizi shi Zhāng Tàitai gěi wǒ jièshào de. — Mrs. Chang introduced that boy to me.

Lesson 9

2. Present tense with non-punctual verbs

```
SPNUM    O,    SHÌ    S           (AV)   (A)    V    DE
NÈIPÍNG  JIŬ   SHÌ    WOMEN              XIĂNG  MĂI  DE.
```

That's the bottle of wine we intend to buy.

1. zhèiběn shū shì wǒ yào mǎi de.   This is the book I want to buy.
2. nèijiàn hēiyīshang shì ta   That black dress is the one
     zuì xǐhuan de.   she likes the best.
3. zhèige tāng shì wo mǔqin   This is the soup my mother
     cháng zuò de.   often makes.
4. zhèige cài shi wo huì zuò de.   This is the dish that I know how to cook.
5. nèiliàng chē shi nǐ xiǎng mài de ma?   Is that the car you want to sell?

IV. CHANGE STATUS WITH *le*

A. with V O

```
 N     (A)    (AV)   V      O   LE
 WO                  DǑNG        LE.
```

I understand (now).

1. ta bùhē kāfēi le.   He no longer drinks coffee.
2. xiànzài women búyào le.   We don't want it now.
3. tāmen méiyou qián le.   They are no longer wealthy.
4. xiànzài, nimen dōu huì xiě   You all know how to write
     Zhōngguo zì le.   Chinese characters now.
5. nèige háizi ài chī qīngcài le.   That child likes vegetables now.
6. nèiběn shū, ta xiànzài yǒu le.   Now he has the book.
7. nimen xiànzài yǒu chē le ma?   Do you have a car now?
8. tā búxìng Wáng le.   Her last name is no longer Wang.

B. With S V

N	(A)	SV	LE
RÉN		**DUŌ**	**LE.**

People have gotten more numerous.

1. qìchē xiànzai dōu xiǎo le.   Cars have gotten smaller now.
2. háizimen dà le.   (The) children have grown.
3. dìdi xiànzai gāo le.   Little brother has gotten taller.
4. shuǐguǒ piányi le.   Fruit has gotten less expensive.
5. zhèikuài táng bùhǎochī le.   This piece of candy is no longer good to eat.
6. nèige píngguo huài le.   That apple is spoiled.
7. wǒmen de chē bùxīn le.   Our car is no longer new.

V. THE yī...jiù PATTERN

A. Without *le*

N	YĪ	V	O	JIÙ	V	O
WǑ	**YĪ**	**ZHĪDAO**		**JIÙ**	**GÀOSONG**	**NǏ.**

I'll tell you as soon as I know.

1. ta yī yǒu qián jiù mǎi shū.   As soon as he has money he buys books.
2. wo yī chī làde cài jiù xiǎng hē shuǐ.   Whenever I eat hot food I want to drink water.
3. wo yī yǒu qián jiù gěi nǐ.   As soon as I have money I will give it to you.
4. ni nèmma cōngming, yídìng yī
      kàn jiù dǒng.   You're so smart that you'll understand it
           as soon as you read it.
5. nèibēi kāfēi, ta yī hē yídìng
      jiù shuō bùhǎohē.   As soon as she tastes that cup of coffee
           she will surely say that it's not tasty.

B. Change status with *le*

```
  N      YÍ   V      O,      (S)        JIÙ   V      O    LE
LǍOSHI   YÌ   SHUŌ   XUÉSHENG          JIÙ   DǑNG         LE.
```
As soon as the teachers explain, the students will understand.

1. zhèiliàng qìchē, yí xiūli jiù hǎo le.
   As soon as you fix it, this car will be alright.
2. nèige nǚxuésheng ta yí kàn jiù xǐhuan le.
   As soon as he sees that girl student, he will like her.
3. wo yì yǒu qián jiù búzuò shì le.
   As soon as I have money, I'll quit working.
4. ta yì jiāo shū jiù xiǎng hē kāfēi le.
   As soon as he teaches, he'll want to have some coffee.

LESSON 10

I. LOCATION WITH *zài*

A. *Zài* as verb

```
  N(1)       (BÚ)ZÀI    (N2)     PW
  TA FÙQIN   BÚZÀI               ZHŌNGGUO.
```
    Her father is not in China.

1. nǐ mǎi de diǎnxin zài nǎr? — Where are the pastries you bought?
2. Gāo Lǎoshī zài lóushàng. — Teacher Kao is upstairs.
3. wode dōngxi dōu zài chēli. — My things are all in the car.
4. yǐzi zài mén (de) pángbiār. — My chair is next to the door.
5. wo érzi xiànzài hái zài Rìběn ne. — My son is still in Japan.
6. wo xiānsheng chángchang búzài jiā. — My husband is frequently not at home.
7. ni gāng xiě de zì zài nǎli? — Where are the characters that you just wrote?
8. shū zài lóuxià ma? — Are the books downstairs?

B. *Zài* as co-verb

```
  N       (BU)  (AV)  ZÀI   PW     V     O
  HÁIZMEN             ZÀI   JIĀLI  NIÀN  SHŪ NE.
```
    The children are studying at home.

1. wo tīngshuō ta yào zài Niǔyuē zuò shì. — I heard that she is about to work in New York.
2. ta xǐhuan zài fànguǎrli chī fàn. — He likes to eat in restaurants.
3. ni wèishemma búzài shūli xiě míngzi ne? — Why don't you write your name in the book?
4. tamen zài nǎr xué Zhōngguo huà? — Where are they learning Chinese?
5. tāmen dōu zài zhèige lóuli xué Zhōngwén. — They are all learning Chinese in this (storied) building.
6. wo tàitai zhèngzai chēli shuō huà ne. — My wife is chatting in the car right now.

Lesson 10

7. Cáo Xiáojie xiànzài zài Déguo
jiāo Yīngwén.
Miss. Ts'ao is teaching English in Germany right now.

8. wo zuì xǐhuan zài chéngli mǎi dōngxi.
I like to shop downtown the most.

9. bié zài fángzi lǐtou dǎ qiú.
Don't play ball in the house.

10. tamen búyào zài zhèr mǎi fángzi.
They don't want to buy a house here.

II. EXISTENCE WITH *yoǔ*

PW　　　　　(MÉI) YǑU (NUM)　　N
ZHUŌZISHANG　　YǑU LIǍNGFÈR BÀO.
There are two newspapers on the table.

1. Xīngang méiyǒu hǎo Zhōngguo fànguǎr.
There aren't any good Chinese restaurants in New Haven.

2. pùzili hái yǒu bùshǎo rén.
There are still quite a few people in the store.

3. jiāli yǒu meiyǒu qián?
Is there any money at home?

4. Shànghǎi yǒu bùshǎo dà pùzi.
Shanghai has a lot of big stores.

5. xuéxiào qiántou yǒu hěn duō xuésheng.
There are a lot of students in front of the school.

6. chá lǐtou yǒu táng méiyou?
Is there sugar in the tea?

7. huàr lǐtou méiyou rén, jiù yǒu yíge dà shān.
There is nobody in the painting, only a large mountain.

8. Wángjia yǒu hěn duō hěn guì de dōngxi.
The Wangs' have a lot of valuable things.

III. THE LOCATION AND EXISTENCE PATTERNS COMPARED

N　　　　　ZÀI　PW
NÈIGE FÀNGUǍR　ZÀI　CHÉNG WÀITOU MA?
Is that restaurant outside of the city?

PW　　　　　YǑU　　　N
CHÉNG WÀITOU YǑU MEIYǑU FÀNGUǍR?
Are there any restaurants outside of the city?

1. jiǔpù zài nǎr? Where is the liquor store?
   nǎr yǒu jiǔpù? Where is there a liquor store?
2. ni mǎide bào zài wǒ zhèr. The newspapers that you bought are over here by me.

   wǒ zhèr yǒu bào. There are some newspapers over here by me.
3. yǐzi dōu zài lóuxià. The chairs are all downstairs.
   lóuxià yǒu yǐzi. There are some chairs downstairs.
4. qìchē zài fángzi hòutou ne. The car is behind the house.
   fángzi hòutou yǒu qìchē. There are some cars behind the house.
5. zài ménshang ma? Is it on the door?
   ménshang yǒu ma? Are there any on the door?

IV. MODIFICATION BY PWS

	PW	DE	(SP-NU-M)	N
A.	CHĒLI	DE		DŌNGXI

things in the car

1. shūshàng de zì — the words on/in the book
2. shānli de rén — the people on the mountain
3. lóuxià de fànguǎr — the restaurant downstairs
4. fángzi pángbiār de huār — the flowers on the side of the house
5. nèr de xuésheng — the students there
6. héli de shuǐ — the water in the river
7. Xiānggǎng de pùzi — the shops in Hong Kong
8. xiàngpiārshang de háizi — the child in the photograph
9. lùpángbiār de nèiliàng hóng qìchē — that red car on the side of the road
10. shānshang de nèijisuǒ dà fángzi — those big houses on the hill
11. shū dǐxia de nèixiē zhǐ — those papers under the books

	ZAI	PW	V	O	DE	(SP-NU-M)	N
B.	ZAI	NÈR	HĒ	JIǓ	DE		RÉN

people who drink there

Lesson 10

1. zài shūpùli zuò shì de nèiwèi xiáojie — the young lady who works in the bookstore
2. zài zhèr niàn shū de wàiguo xuésheng — the foreign students who study here
3. zài Táibèi zuò mǎimai de nèixiē rén — those people who do business in Taipei
4. zài nèr jiāo shū de lǎoshī — the teachers that teach there
5. zài lóu dǐxia chī dōngxi de háizi — the children who are eating downstairs
6. zài wàitou shuō huà de nèige rén — that person who is talking outside
7. zài chēli kàn bào de rén — the person who is reading a newspaper in the car

```
        PW      DE    (SP-NU-M   (N))
C.    TĀNGLI   DE    (NÈIXIĒ   (QĪNGCÀI))
```
those vegetables in the soup

1. shàngtou de (nèijǐběn (shū)) — those (few volumes (of books)) on top
2. Cáojia de (zhèisìge (háizi)) — these (four (children)) of the Ts'ao's
3. fànguǎr hòutou de (nèisuǒ (fángzi)) — the one (house) behind the restaurant
4. zhèr de (nèiwǎn (fàn)) — the one (bowl (of rice)) here

V. USES OF *NE*

A. AFTER A NOUN IN QUESTIONS
   SHÀNGTOUDE SHÌ NǏDE, XIÀTOU DE NE?
   The one on top is yours. What about the one underneath?

B. AFTER A CONTENT QUESTION
   TĀ WÈISHEMMA BÚZÀI GUǍNGZHŌU NIÀN SHŪ NE?
   Why doesn't he study in Canton?

1. nimen zěmma búzài jiā chī fàn ne? — How come you don't eat at home?
2. ta xiànzai zài nǎr ne? — Where is he now?
3. ni yào kāi nèiliàng chē ne? — Which car are you going to drive?

4. lóuxià yǒu duōshao yǐzi ne? How many chairs are there downstairs?

C. AFTER A STATEMENT INDICATING CONTINUITY
TĀ ZÀI HÒUTOU ZHÒNG HUĀR NE.
He is gardening in the back.

1. wo māma zài lóuxià zuò fàn ne. My mother is cooking downstairs at the moment.
2. tamen zhèngzai wàitou dǎ qiú ne. They are just in the process of playing ball outside.
3. ta zài sānlóu zhǎo dōngxi ne. He is looking for things on the third floor.
4. nèige xuésheng zài Xiānggǎng jiāo Yīngwén ne. That student is teaching English in Hong Kong.

LESSON 11

I. THE CO-VERBS ZUÒ, CÓNG, DÀO WITH LÁI/QÙ

A. ZUÒ

N	(A)	(AV)	CV	O	LAI/QU
WOMEN	DǍSUÀN	ZUÒ	FĒIJĪ		QU.

We plan to go by plane.

1. ni búyào zuò gōnggòngqìchē qu ma? Don't you want to go by bus?
2. ta dǎsuàn zěmma huí lai? How does he plan to come back?
3. běnlai ta xiǎng zuò huǒchē lai. He originally intended to to come back by train.
4. xiàyicì wǒmen yídìng búzuò chuán qu le. Next time we definitely would no longer go by boat
5. ta fùqin cháng zuò fēijī qu. Her father often goes by plane.

B. CÓNG

N	(TW)	(AV)	CÓNG	PW	LAI/QU.
WO MĀMA	JĪNTIAN	YÀO	CÓNG	NIǓYUĒ	LAI.

My mom is coming from New York today.

1. wo xiānshang de mèimei yào cóng Běijīng lai. My husband's younger sister is coming from Beijing.
2. jīntian xiàwu wo yào cóng xuéxiào qu. I'm going from school this afternoon.
3. ta wèishemma bùcóng Xiānggǎng lai ne? Why isn't he coming from Hong Kong?
4. shàngyicì tāmen shì cóng Bālí lai de. Last time they came from Paris.

C. ZUÒ and CÓNG

N	(A)	(AV)	CÓNG	PW	ZUÒ	O	LAI/QU
TAMEN	**DŌU**		**CÓNG**	**ZHĪJIĀGĒ**	**ZUÒ**	**FĒIJĪ**	**LAI.**

N	(A)	(AV)	ZUÒ	O	CÓNG	PW	LAI/QU
TAMEN	**DŌU**		**ZUÒ**	**FĒIJĪ**	**CÓNG**	**ZHĪJIĀGĒ**	**LAI.**

They are all coming from Chicago by plane.

1. ta gēn ta dìdi yào cóng Ōuzhōu zuò chuán huí qu. — He and his brother are returning from Europe by boat.
2. wo juéde women zuì hǎo zuò huǒchē cóng zhèr qu. — I think we had better go from here by train.
3. ta shuō cóng nèr zuò gōnggòngqìchē qu, fāngbiànjíle — He says that to go from there by bus is extremely convenient.
4. ni gēn nǐ érzi zěmma cóng nèige dìfang huí lai? — How are you and your son returning from that place?

D. DÀO

N	(A)	(AV)	DÀO	PW	LAI/QU.
ZHÈIXIĒ **XUÉSHENG**	**DŌU**	**YÀO**	**DÀO**	**ZHŌNGGUO**	**QU.**

All of these students want to go to China.

1. nǐ jīntian shàngwu yào dào nǎr qu a? — Where do you want to go this morning?
2. zhèiyícì women xiǎng dào Fēizhōu qu. — This time we intend to go to Africa.
3. nǐmen bùkéyi dào lóushang de nèijiān wūzili qu. — You cannot go into that room upstairs.
4. kuài yìdiǎr dào fēijīchǎng qu ba. — Hurry up and go to the airport.

Lesson 11

E. ZUÒ, CÓNG and DÀO

```
N   (A)   (AV)  ZUÒ  O      CÓNG    PW₁      DÀO  PW₂       LAI/QU
TĀ  YÀO   ZUÒ   QÌCHĒ CÓNG   LǙGUǍN  DÀO  WOMEN JIĀ LAI.

N   (A)   (AV)  CÓNG  PW₁            ZUÒ  O      DÀO  PW₂       LAI/QU
TĀ  YÀO   CÓNG  LǙGUǍN           ZUÒ  QÌCHĒ DÀO  WOMEN JIĀ LAI.
```

He wants to come from the hotel to our house by car.

1. wo dǎsuan zuò chuán cóng Niǔyuē dào Yīngguo qu. — I plan to go from New York to England by boat.
2. tamen zuò gōnggòngqìchē dào Zhījiāgē qu, shì bushi? — They are going to Chicago by by bus, isn't that right?
3. wo búyào cóng jiāli dào huǒchēzhàn qu. — I don't want to go to the railway station from home.
4. ni xiān zuò fēijī huí dao Xīngǎng qu ba! — You go back to New Haven by plane first, o.k.?

II. THE VERBAL SUFFIXES -ZÀI AND -DÀO

A. -ZÀI

```
N    (A)  (AV)  V-ZÀI    PW.
TA   JIĀ       ZHÙZAI   CHÉNGLITOU.
```

His home is in the city.

1. wo zuì xǐhuan zuòzai zhèige yǐzishang. — I like to sit on this chair the most.
2. Lǐ Xiānsheng gēn ta jiāli de rén zhùzai lóushang. — Mr. Lee and his family live upstairs.
3. nèijige xuésheng zhùzai xuéxiào wàitou. — Those students live off campus.
4. wo jīntian xiǎng zuòzai mén ner. — Today I feel like sitting (over there) by the door.

B. -DÀO

N	(A)	(AV)	V-DÀO	PW	LAI/QU.
WŎMEN	**YÀO**		**KĀIDAO**	**NIŬYUĒ**	**QU.**

We want to drive to New York.

1. Wáng Tàitai de érzi jīntian yào fēidao Àozhōu qu.
   Mrs. Wang's son is flying to Australia today.
2. wo xiànzai kéyi cóng jiāli kāidao nǐde lǚguǎn qu.
   I can drive from home to your hotel now.
3. ta jīntian děi fēidao nèige guójiā qu.
   He has to fly to that country today.
4. women kāidao chéng wàitou de nèige fànguǎr qu, hǎo buhǎo?
   Let's drive to the restaurant outside of the city, alright?

III. PURPOSE CLAUSES WITH *VO* AND *LÁI/QÙ*

	N	(A)	(AV)	DÀO	PW	LAI/QU	V	O
A.	**NĬ**			**YÀO DÀO**	**LÓUXIÀ**	**QU**	**ZUÒ**	**SHÉMMA?**

N	(A)	(AV)	DÀO	PW	V	O	LAI/QU
NĬ			**YÀO DÀO**	**LÓUXIÀ**	**ZUÒ**	**SHÉMMA**	**QU?**

N	A	(AV)	DÀO	PW	LAI/QU	V	O	LAI/QU
NĬ			**YÀO DÀO**	**LÓUXIÀ**	**QU**	**ZUÒ**	**SHÉMMA**	**QU?**

What are you going downstairs to do?

1. ta yào dào Táiběi qu jiāo Yīngwén.
   He is going to Taipei to teach English.
2. women xiǎng dao chéngli qu mǎi diǎr dōngxi.
   We intend to go downtown to do some shopping.
3. tamen děi dào qìchēzhàn qu jiē péngyou qu.
   They have to go to the bus depot to meet some friends.

Lesson 11

4. Zhào Xiáojie dǎsuàn cóng Měiguo dào Rìběn qu kàn ta fùmǔ.
   Miss Chao is planning to go from America to Japan to visit her parents.
5. tamen dōu yào dào lóuxià lái hē yìdiǎr shuǐ.
   They all want to come downstairs to drink some water.
6. ni wèishémma búdào lóudǐxia qu zhǎo ne?
   Why don't you go downstairs to look for it?

IV. IMMINENT ACTION *LE*

A. WITH KUÀI

N KUÀI (YÀO) V (O) LE.
TA KUÀI YÀO HUÍ LAI LE.
He will soon return.

1. women kuài dào Bālí le. — We will soon arrive in Paris.
2. ta kuài búniàn shū le. — Soon she will not be studying anymore.
3. nǐmen kuài kéyi xiūxi le. — Soon you will be able to rest.
4. wo nǚer kuài yào mǎi fángzi le. — My daughter will buy a house very soon.
5. wo kuài búzuò mǎimai le. — Soon I won't be in business anymore.
6. wo péngyou kuài yào dào Ōuzhōu qu le. — My friend is going to Europe soon.

B. WITH JIÙ

N JIÙ (YÀO) V (O) LE.
1. **GŌNGGÒNG QÌCHE JIÙ YÀO KĀI LE.**
The bus is about to leave.

1. wo jiù yào qu jiē ta le. — I'm just about to go and meet him.
2. zhèikuài zhūròu jiù yào huài le. — The pork is about to be spoiled.
3. tiānqi jiù yào hǎo le. — The weather is about to get better.
4. fēijī jiù yào dào le. — The plane is about to arrive.

          N   JIÙ   V   (O)
2.   **WOMEN JIÙ CHĪ FÀN.**
       We'll eat right away.

1. ni mǔqin jiù huí lai.   Your mother will be right back.
2. chuán xiànzài jiu kāi.   The boat will leave right away.
3. tamen jiù qù ma?   Are they going right away?

C. *Kuài* alone with *méiyou*

       N   KUÀI   MÉIYOU   LE
1.   **KĀFĒI KUÀI MÉIYǑU LE.**
       (We'll) soon be out of coffee.

1. diǎnxin kuài méiyǒu le.   (We'll) soon be out of pastries.
2. táng yě kuài méiyǒu le.   (We'll) soon be out of sugar too.

      N   KUÀI   MÉIYOU   O   LE
2.   **TA KUÀI MÉIYǑU QIÁN LE.**
       He'll be out of money soon.

1. lǎoshī kuài méiyǒu fěnbǐ le.   The teachers will be out of chalk soon.
2. Měiguo kuài méiyǒu dà qìchē le.   America will be out of big cars very soon.
3. nimen kuài méiyǒu píjiǔ le.   You'll be out of beer soon.

LESSON 12

I. COMPLETED ACTION WITH LE

A. Positive Statements

	N	V(LE)	O	LE.
	WO	**CHĪ(LE)**	**ZĂOFÀN**	**LE.**

	N	VGUO	O	LE.
	WO	**CHĪGUO**	**ZĂOFÀN**	**LE.**

I have eaten breakfast.

1. Lǐ Tàitai màile tade qìchē le.   Mrs. Lee has sold her car.
2. women dǎguo diànhua le.   We've made the phone call.
3. tamen huàn le yīshang le.   They have changed their clothes.
4. nèixie xuésheng dōu zuò (le) gōngkè le.   All of those students have done their homework.
5. wo gěi le ta qián le.   I have paid him (the money).

B. Negative Statements

	N	MÉI(YOU)	V	(O).
	TA	**MÉI(YOU)**	**ZUÒ**	**WĂNFÀN.**

She hasn't cooked supper.

1. lóushang de xuésheng méixià ke.   The students upstairs have not gotten out of class.
2. tamen yīdìng méiyou chī zhōngfàn.   They definitely have not eaten lunch.
3. zuótian wǎnshang méixià yǔ.   It didn't rain last night.
4. jīntian zǎoshang ta méishàng kè.   He didn't come to class this morning.
5. women méiyou qǐng Gāo Tàitai.   We didn't invite Mrs. Kao.
6. women méi yīkuàr qù.   We did not go together.

C. Question forms

```
       N    V    O   LE  MA
      NI  WÈN  TA  LE  MA?

       N    V    O   LE  MÉIYŎU
      NI  WÈN  TA  LE  MÉIYŎU?

       N    V    O   LE  MÉI-V
      NI  WÈN  TA  LE  MÉI-WÈN?
```
Have you asked him?

1. nimen chàng gér le ma? — Have you sung (the song)?
2. jīntian ni da wǎngqiú le méiyou? — Have you played tennis today?
3. wǎnfàn, ni chīle méi-chī? — Have you eaten dinner?
4. ta jiějie méimài fángzi ma? — Didn't her older sister sell (her) house?
5. ta xǐhuan de nèige biǎo, ni mǎile méiyou? — Have you bought the watch he liked?
6. ni gēn Zhāng Xiānsheng shuō le ma? — Have you talked to Mr. Chang?

D. Completed action patterns for object-less verbs.

```
         N            V        LE   (MA/MÉIYŎU/MEI-V?)
     ZHÀO XIÁOJIE  HUÍ LAI   LE    MÉIYŎU?
```
Has Miss Chao come back?

1. nèige xiǎohar jìnqu le ma? — Has that child gone inside?
2. ni dìdi zǒu le méiyǒu? — Has your younger brother left?
3. ta fùqin zuótian méihuí qu. — His father didn't go back yesterday.
4. wo jiāli de rén dōu chū qu le. — All of the people in my home have gone out. (There is no one at (my) home.)
5. Yélǔ de xuésheng yǐjing dōu huí lai le. — All of the Yale students have come back.

II. VERBAL SUFFIX -guo (-guo)

A. The past tense -guo with le

```
   N        VGUO      O     LE   (MA/MEIYOU?)
NIMEN     KÀNGUO    BÀO   LE    MA?
```
Have you read the paper?

1. tamen yǐjing chīguo wǎnfàn le.   They have eaten supper already.
2. zhèr, zuótian xiàguo yǔ le.   It rained here yesterday.
3. women méi(yǒu) chīguo zhōngfàn.   We haven't eaten lunch.

B. The experential guo without le

```
   N     (MÉI) V GUO     O             (MA/MÉIYOU?)
1. NIMEN    KÀNGUO   ZHŌNGWÉN BÀO    MA?
```
Have you ever read a Chinese newspaper?

1. ni érzi zuòguo chuán ma?   Has your son ever been on a boat (before)?
2. wo méihēguo Déguo píjiǔ.   I have never (drunk) tasted German beer.
3. ta qǐng de péngyou dōu méichīguo Rìběn fàn.   All of the friends that he invited have not eaten Japanese food before.
4. women méixuéguo zhèiliǎngge zì.   We have never learned these two words before.
5. wo niànguo yìdiǎr Fǎwén.   I've studied a little French before.
6. ta mǔqin méizuòguo shì.   His mother has never worked before.
7. tamen méizǒuguo zhèitiáo lù.   They've never (travelled on) taken this road before.
8. wo méichīguo ta zuo de diǎnxin.   I've never eaten pastries made by him.
9. ni méizhùguo nèige lǚguǎn ma?   Haven't you ever stayed in that hotel before?

2. With Coverbs

N	(MÉI)	CV	O	VGUO	(O)	(MA/MÉIYOU?)
NI		DÀO	ŌUZHŌU	QÙGUO		MÉIYŎU?

Have you ever been to Europe?

1. wo méigēn Chén Tàitai zuòguo shì. — I've never worked with Mrs. Chen before.
2. ni zài Niŭyuē chīguo Zhōngguo fàn ma? — Have you ever eaten Chinese food in New York?
3. women méigēn ta xiĕguo shū. — We have never written a book with her before.
4. ni fùmŭ dào Yēlŭ láiguo méiyou? — Have your parents ever been to Yale?
5. wo nǚer zài nèige fànguăr zuòguo shì. — My daughter has worked in that restaurant before.

III. REINFORCING ADVERBS: yĭjīng AND hái méi...(ne)

	N		YĬJING	V	(O)	LE (MA)
A.	HĀFÓ DÀ ZÚQIÚ DE		YĬJĪNG DŌU	HUÍ	QU	LE.

All of the Harvard football players have gone back already.

1. nimen yĭjing zuò le gōngkè le ma? — Have you already done your homework?
2. zuótian zăoshang ta yĭjing yŏu yìdiăr bùshūfu le. — She was already a bit ill yesterday morning.
3. zhèijige zì de yìsi, women yĭjing dōu bújìde le. — We've already forgotten the meaning of these words.

	N	HÁI MÉI	V	(O)	(NE)	(MA?)
B.	WO BÀBA	HÁI MÉI	ZŎU		NE.	

My dad hasn't left yet.

1. nèixiē lăoshī hái méichū lai ne. — Those teachers haven't come out yet.

Lesson 12

2. wo hái méiyùbei gōngkè ne.
3. ta hái méixué kāi chē ne.

I haven't done my homework yet.
He hasn't learned how to drive yet.

IV. SENTENCE PARTICLE *le* WITH COVERBS AND PURPOSE CLAUSES

A. With coverbs

(TW) N (ZUO O CONG PW) DAO PW QU/LAI LE.
TA ZUÒ HUǑCHĒ DÀO ZHĪJIĀGĒ QU LE.
He's gone to Chicago by train.

1. ta tàitai dào Yàzhōu qu le.
2. Wáng Lǎoshī jīntian xiàwu dào Běijīng qu le.
3. zuótian tade dà érzi dào zhèr lai le.

His wife has gone to Asia.
Teacher Wong went to Beijing this afternoon.
Yesterday her oldest son came (here).

B. With purpose clauses

(TW) N DÀO PW (QU/LAI) V O QU/LAI LE.
TAMEN DÀO GĒDÀ QÙ KÀN ZÚQIÚ QU LE.
They have gone to Columbia to watch some football.

1. ta dào lóushang qu huàn yīshang qu le.
2. zuótian wǎnshang wo dào huǒchēzhàn qu jiē wo mǔqin qu le.
3. Huáng Xiānsheng huí lai kàn ta nǚer lai le.
4. Lǐ Jiàoshou huí Hāfó qu jiāo shū qu le.
5. ta chū qu zuò shémma qu le?
6. xuéshengmen yǐjing jìn qu shàng kè qu le.

She went upstairs to change her clothes.
I went to the railroad station to meet my mother last night.
Mr. Huang came back to visit his daughter.
Prof. Lee went back to Harvard to teach.
What has he gone out to do?
The students have gone in to class.

V. THE VLE (O) *Jiù*... PATTERN

A. Non-past

   (TW)   N   VLE   (O)   JIÙ   V   (O)
         WO ZHĪDAO LE   JIÙ GÀOSONG NI.

After I find out I'll tell you.

1. míngtian shàngwu wo chīle zǎofàn jiù dào xuéxiào qu.
      I'll go to school tomorrow after I eat breakfast.
2. ni dàole Xīngǎng yídìng yào lai zhǎo wǒ.
      You must come and visit me after you arrive in New Haven.
3. women gēn tamen chīle wǎnfàn jiù huí lai.
      We'll return after we've eaten supper with them.
4. jīntian wǎnshang wo dàole jiā jiù zuò gōngkè.
      Tonight after I arrive home I'll do my homework.

B. Past

   (TW)   N   VLE   (O)   JIÙ   V   (O)   LE
        TA DÀOLE LǙGUǍN JIÙ QÙ CHĪ FÀN QÙ LE.

After he arrived at the hotel, he went to eat.

1. Máo Tàitai zuòle fàn jiù mǎi dōngxi qu le.
      After Mrs. Mao cooked, she went shopping.
2. tamen zài Niǔyuē huànle fēijī jiù fēidào Bālí qu le.
      After they changed planes in New York, they flew to Paris.
3. ta hēle kāfēi jiù qu zuò shì qu le.
      After she (drank:) had some coffee, she went to work.

VI. THE *Yī...Jiù* PATTERN WITH *le* INDICATING PAST TENSE

   (TW)   N   YĪ V(LE)   O,   JIÙ   V   O   LE
        TA YĪ DÀOLE MĚIGUO JIÙ DÀO ZHÈR NIÀN SHŪ LAI LE.

As soon as he arrived in America he came here to study.

1. zuótian wo yīxiàle kè jiù dào Zhījiāgē qu le.
      Yesterday, as soon as classes were over, I went to Chicago.

Lesson 12

2. ta yìtīng shuō Wáng Xiáojie láile, jiù qu kàn ta qu le.
   He went to see Miss Wong as soon as he heard of her arrival.
3. nèitian tamen yìmǎile xīn chē, jiù kāi chē dào Niǔyuē qu le.
   They drove to New York the day they bought the new car.
4. jīntian xiàwu, wo yìhuíle jiā, jiù zuò wǎnfàn le.
   I began cooking supper as soon as I got home this afternoon.

VII. PAST TENSE WITH MEASURED OBJECT

A. Ordinary past

(TW)	N	VLE	(NU-)	M	O
ZUÓTIAN	WOMEN	MǍILE	YÍ	LIÀNG	XĪN QÌCHE.

Yesterday we bought a new car.

1. shàngcì zài Niǔyuē ta mǎile sānjiàn yīshang.
   He bought three garments in New York last time.
2. chī zǎofàn de shíhou, wo hēle liǎngbēi kāfēi.
   I drank two cups of coffee during breakfast.
3. ta gēn tade tóngxué, zuótian wǎnshang yígòng hēle shípíng píjiǔ.
   Altogether, he and his fellow students drank ten bottles of beer last night.
4. wo zài Hāfó de shíhou, xuéle yìdiǎr Zhōngwén.
   I learned a little Chinese when I was at Harvard.
5. jīntian women jiù gěile ta wǔkuài qián.
   I only gave him five dollars today.
6. jīntian women jiù chànglě jǐge gēr.
   We only sang a few songs today.
7. women shuōle bùshǎo huà.
   We talked a lot.

B. Up to now

(TW)	N	VLE	(NU-)M	O	LE.
JĪNTIAN	**WŌMEN**	**SHÀNGLE**	**LIĂNG TÁNG**	**KÈ**	**LE.**

We have attended two (periods of) classes (up to now).

1. wo qǐngle shíge rén le; wo
    hái děi qǐng jǐge.
    I've invited ten people; I
    still have to invite a few more.
2. wo yǐjing dǎle sāncì
    diànhuà le.
    ta yídìng chū qu le.
    I've made three phone calls
    (to him) so far.
    He must have gone out.
3. wǒmen niànle shíèrkè le.
    We have studied twelve lessons.
4. ni zuò de diǎnxin, wo
    nèijǐge érzi yǐjing chīle
    yíbàr le.
    Those sons of mine already
    have eaten half of the pastries
    you made.
5. wo hēle wǔ-liùbēi chá le.
    xièxie, wo búyào zài hē le.
    I've had five or six cups of tea so far.
    Thank you, I don't want to drink
    anymore.
6. ta mǔqin yǐjing gěile ta
    liǎngbǎikuài qián le.
    His mother has already given
    him two hundred dollars.

VIII. THE *shì...de* CONSTRUCTION: STRESSES ATTENDANT CIRCUMSTANCES

A. Statements

1. Stressing *time*

(O),	N	((BÚ)SHÌ)	TW	V	(O)	DE.
	TĀMEN	**SHÌ**	**ZUÓTIAN**	**HUÍ**	**QU**	**DE.**

They went back yesterday.

1. wǒmen shì yījiǔliùyī nián
    dào Yēlǔ lai de.
    We came to Yale in 1961.
2. ta búshi zuótian wǎnshang
    dào Niǔyuē qu de.
    ta jīntian shàngwu qu de.
    He didn't go to New York last
    night.
    He went this morning.

Lesson 12

3. nèiliǎngzhāng huàr dōu shi
 zuótian zhōngwu mǎi de. (I) bought both of the paintings yesterday at noon time.
4. ta fùmǔ shi jīntian zǎoshang dào de. Her parents arrived this morning.
5. Zhào Xiānsheng shi yījiǔwǔqī
 nián huí Zhōngguo qu de. Mr. Chao went back to China in 1957.

2. Stressing *place*

(O), N (BÚ)SHÌ ZÀI/CÓNG PW V (O) DE.
WO DE BǏ   SHI   ZÀI   BĀLÍ   MǍI DE.
I bought my pen in Paris.

1. women shi zài jiāli chī de. We ate at home.
2. ta shi zài Gē Dà xué de Zhōngwén. He learned Chinese at Columbia.
3. qián, shi zài lǚguǎnli gěi ta de. (I) gave him the money in the hotel.
4. qìchē, shi zài fànguǎr hòutou
 de neige pùzi xiūli de. (I) fixed my car in the shop located behind the restaurant.
5. zhèijiàn yīshang bùshi zài
 wàiguo zuò de. This garment was not made abroad.
6. ta shi cóng Niǔyuē zǒu de. He left from New York.
7. tamen dōu shi cóng xuéxiào qu de. They all went from school.

3. Stressing *price*

(O)   N   (BÚ)SHÌ   MONEY EXPRESSION   V   (O)   DE.
ZHÈIGE ZHUŌZI, WOMEN   SHI   SÌSHIJIǓ KUÀI QIÁN MǍI DE.
We paid forty-nine dollars for this table.

1. wo zhèige biǎo shi shíkuai
 qián mǎi de. hěn piányi! I bought my watch for ten dollars. Very cheap!
2. ta de chuán shi yiwànduō
 kuài qián mài de. He sold his boat for over ten thousand dollars.
3. zhèige jiù yǐzi jiǔmáo qián
 mǎi de. (I) bought this old chair for ninety cents.

4. Stressing *conveyance*

    N   (BÚ)SHÌ   ZUÒ   O   LAI/QU DE.
WÁNG TÀITAI   SHI ZUÒ GŌNGGÒNGQÌCHĒ LAI   DE.
    Mrs. Wong came by bus.

1. Wáng Xiānsheng shi zìjǐ kāi chē lai de.   Mr. Wang drove the car here himself.
2. nèixiē lǎoshī shi zuò fēijī dào Rìběn qu de.   Those teachers went to Japan by plane.
3. ta yídìng shi zuò chuán qu de ba.   He must have gone by boat.

5. Stressing *purpose* or other *circumstances*

    N   (BÚ)SHÌ (QU/LAI)   V   O   QU/LAI DE.
TAMEN BÚSHI   LAI   KÀN NǙER   LAI DE.
    They did not come to visit (their) daughter.

1. ta shi dào Ōuzhōu qu zuò mǎimai qu de.   He went to Europe for business.
2. nimen shi dào zhèr xué Zhōngguo huà lai de.   You came here to learn to speak Chinese.
3. Zhāng Xiáojie shi gēn ta fùqin yíkuàr qu de.   Miss Chang went with her father.
4. nà shi Lǐ Tàitai gàosong wo de.   Mrs. Lee told me about it.
5. háizi búshi wo jiē de.   I didn't meet the children.
6. ta búshi gēn Huáng Jiàoshòu xué de Yīngwén.   He didn't study English with Professor Huang.
    shi gēn Lǐ Jiàoshòu xuéde.   He studied with Professor Lee.

Lesson 12

B. Question forms

```
        (O),      N        (BÚ) SHÌ           V      DE    MA
        (O),      N        SHÌ BU SHI        V      DE
ZHÈIKUÀI NIÚROU SHI BU    SHI ZUÓTIAN   MǍI  DE?
```
Did you buy this piece of beef yesterday?

1. nimen shi zuò huǒchē lai de ma? Did you come by train?
2. zhèige shi zài Jiānádà mǎi de ma? Did you buy this in Canada?
3. ni shi bushi zìjǐ yíge ren qu de? Did you go by yourself?
4. qián, shi ni gēge gěi ni de ma? Did your older brother give you the money?
5. nèiwèi xiáojie shi cóng Èguo lai de ma? Is that young lady from Russia?

```
        (O),     N      SHÌ     QW              V     DE?
        TAMEN   SHI    ZĚMMA  HUÍ    LAI   DE?
```
How did they come back?

1. ni gēge shi něitiān lái de? When did your older brother arrive?
2. ta shi gēn shéi yíkuàr qù de? With whom did he go?
3. tamen shi něinián dào Běi Dà qu de? In which year did they go to Beijing University?
4. nimen shi shémma shíhou mài de? When did you sell it?
5. nide Déwén shi zài nǎr xué de? Where did you learn your German?
6. nide péngyou shi cóng shémma dìfang lái de? Where is your friend from?
7. shuǐguo shi zài něige pùzi mǎi de? In which store did (you) buy the fruit?
8. ni de fángzi, duōshao qián mǎi de? How much did you pay for your house?
9. tamen shi jǐge ren yíkuàr qu de? How many of them went (together)?

IX. V O *DE SHÍHOU*

A. Non-past

```
  N    (AV)     V     O       DE SHÍHOU    (A)  (AV)   V     O
  TA  XǏHUAN  CHĪ  ZǍOFÀN   DE SHÍHOU            KÀN  BÀO.
```
He likes to read the newspaper while eating breakfast.

1. nèiwèi lǎoshī shàng kè de shíhou cháng hē chá. — That teacher often drinks tea during class.
2. hē jiǔ de shíhou ta hěn ài shuō huà. — She very much likes to talk while she is drinking.
3. xià yǔ de shíhou zuì hǎo bié kāi chē. — (You) had better not drive while it is raining.
4. zuò chuán de shíhou wo bùnéng chī dōngxi. — I can't eat anything when I'm on board a ship.
5. women chī wǔfàn de shíhou qu mǎi dōngxi, hǎo bu hǎo? — We'll go shopping during lunch hour, o.k.?

```
  (O)        N    (SHÌ)    V     O       DE SHÍHOU    V   (O)  DE
  NÈIBĚN SHŪ TA  SHÌ  ZÀI TÁIWĀN DE SHÍHOU XIĚ       DE.
```
He wrote that book while he was in Taiwan.

1. qù mǎi cài de shíhou wode qián búgòu le. — I ran out of money while I was grocery shopping.
2. ta shi lai kàn wo de shíhou gěi wo de. — He gave it to me when he came to see me.
3. women shi shàng kè de shíhou zuò de. — We did (it) during class.
4. ta shi zài Bālí de shíhou xué de huà huàr. — He studied painting when he was in Paris.

5. wo shi zài Yélǔ niàn shū de shíhou rènshi ta de. — I knew him while I was studying at Yale.
6. wo yùbèi gōngkè de shíhou tamen lái le. — They arrived while I was doing my homework.
7. nèixie yīshang shi wo yào dào Měiguo lai de shíhou zuò de. — Those clothes were made when I was getting ready to come to America.
8. huí jiā de shíhou wode qìchē huài le. — My car broke down when I was returning home.

LESSON 13

I. TIME WHEN EXPRESSIONS

A. *Nián*

X NIÁN	N	(X NIÁN)	V	(O)	(LE).
QÙNIAN	**NǏ**		**NIÀN**	**ZHŌNGWÉN**	**LE MA?**

Did you study Chinese last year?

1. Jīnnian liùyuè wo xiǎng dào Ōuzhōu qu. — I intend to go to Europe this June.
2. yī-jiǔ-bā-líng (nián) ta zuò fēijī huíqu le. — In 1980 he went back by plane.
3. míngnian ta yào dào wàiguo qu zuò shì. — She wants to work abroad next year.
4. zhèijǐnián ta dōu yǒu yìdiǎr bùshūfu. — He hasn't been feeling well these last few years.
5. qùnian měige zhōumò women dōu dào Niǔyuē qu wár. — Every weekend last year we went to New York to have fun.
6. ni xiǎng měinián dōu yǒu xuésheng dào Zhōngguo qu ma? — Do you think there are students going to China every year?

B. *Yuè*

X YUÈ	N	(X YUÈ)	V	(O)	(LE).
SHÀNGGE YUÈ	**TA**		**DÀO**	**BĀLÍ QU**	**LE.**

He went to Paris last month.

1. xiàge yuè wo yào zài Hāfó jiāo shū. — I'm going to teach at Harvard next month.
2. shíyuè Bōshìdùn de hóngyè hǎokànjíle. — The foliage in Boston is extremely beautiful in October.
3. wo jiějie shì jiǔyuè shēng de. wo shì sìyuè shēng de. — My oldest sister was born in September. I was born in April.

Lesson 13

4. zhèige yuè wǒmen měige zhōumò
    dōu qu kàn diànyěngr.

This month, we went to the
    movies every weekend.

5. qùnian wǒ fùqin měige yuè dōu
    dào Lúndūn qu zuò mǎimai.

Last year, my father went to
    London every month on business.

C. *Lǐbài, xīngqī, zhōumò*

X XĪNGQĪ / ZHŌUMÒ   N   (X XĪNGQĪ / ZHŌUMÒ) V (O)   (LE).
SHÀNGGE ZHŌUMÒ WǑMEN   DÀO   ZHĪJIĀGĒ QU LE.

We went to Chicago last weekend.

1. xiàge lǐbài ni yǒu gōngfu gēn
    wo chī wǎnfàn ma?

Do you have time to eat
    supper with me next week?

2. ta zhèige xīnqīrì yào lái.

He is coming this Sunday.

3. qiánnian bāyuè měige lǐbài
    tamen dōu qu dǎ wǎngqiú.

The year before last, in August
    they played tennis every week.

4. zhèixīngqīliù wǎnshang wo
    xiǎng qu kàn ta.

I intend to go and visit him
    this Saturday evening.

5. měige lǐbàièr Lǐ Tàitai dōu
    zài xuéxiào chī zhōngfàn.

Mrs. Lee eats lunch at school every
    Tuesday.

6. shàngge zhuōmò ni zuò shémma le?

What did you do last weekend?

7. shàngxīngqīliù tiānqì hǎojíle.

The weather was beautiful last Saturday.

D. *Tiān, hào*

X TIĀN/HÀO   N   V (O)   (LE).
SHÍÈRHÀO WǍNSHANG TAMEN YǑU GŌNGFU MA?

Are they free on the evening of the twelfth?

1. jīntiān xiàwu wo méiyou kè.

I have no classes this afternoon.

2. shàngge yuè sānhào ta zuò
    chuán huí Yīngguo qu le.

He went back to England by
    boat on the third of last month.

3. ta shi shísānhào shēng de,
   búshi shísìhào shēng de.

   He was born on the thirteenth,
   not on the fourteenth.

4. míngtian zǎoshang wo gàosong ta.

   I'll tell him tomorrow morning.

5. zuótian ta gēn ni shuō shémma le?

   What did he tell you yesterday?

6. wo tīngshuo tamen měitian dōu
   chī Zhōngguo fàn.

   I heard that they have Chinese
   food every day.

7. zuótian wǒmen de diànhuà
   mángjíle.

   Our phone was extremely busy
   yesterday.

E. De shíhou, de nèitian, de nèige yuè, de nèinián.

TW   N(TW)   V   (O)   (LE).
KÀN DIÀNYĚNGR DE SHÍHOU   NI   XǏHUAN CHĪ   SHÉMMA?

What do you like to eat when you are watching a movie?

1. xià dà yǔ de shíhou women
   zhèngzai kàn diànyǐng.

   We were in the middle of watching a movie
   when the rain storm hit.

2. ni xiǎo de shíhou cháng-
   chang dǎ bàngqiú ma?

   Did you often play baseball
   when you were little?

3. ta gāng dào Měiguo lái de
   shíhou ta bùdǒng Yīngwén.

   He didn't understand English
   when he first came to America.

4. ta zǒu de nèitian wo wèn ta le.

   I asked him the day he left.

5. tamen dào Yélǔ lái de nèinián
   tamen mǎile yìsuǒr fángzi.

   They bought a house the year
   they came to Yale.

6. qùnian yǒude shíhou wo zhùzai
   jiāli.

   Last year, I lived at home
   for part of the time.

7. wo zài Bālí de nèige yuè
   měitian dōu hē Fǎguo jiǔ.

   I drank French wine every day
   during the month I was in Paris.

8. ni zǒu de nèige yuè zhèr hái
   méiyou hóngyè ne.

   The leaves had not started to
   turn during the month you left.

II. TIME SPENT EXPRESSIONS

A. With verb-object expressions

TW N (AV) V TIME SPENT (DE) O.
1. TAMEN XIĂNG ZHÙ SĀNTIĀN DE LǙGUĂN.
They intend to stay in the hotel for three days.

1. wŏmen měige lǐbài dōu shàng wǔtiān de kè.
   We attend classes for five days every week.
2. zhèige yuè wŏ jiù yào zuò sānge xīngqī de shì.
   I only want to work for three weeks this month.
3. zhèige zhōumò wŏmen děi kāi liăngtiān de chē.
   I have to drive for two days this weekend.
4. dào Zhōngguo qu děi zuò yìtian de fēijī.
   To go to China, (you) have to be on a plane for one (whole) day.
5. ta fùmǔ jiù yuànyi gěi ta yìnián de qián.
   His parents are only willing to give him the money for one year.
6. wŏ měinián, cóng liùyuè dào bāyuè dōu jiāo bāge lǐbài de Zhōngwén.
   Every year, from June until August, I teach Chinese for eight weeks.

TW N VLE TIME SPENT (DE) O.
2. SHÀNGGE YUÈ WŎMEN SHÀNGLE SĀNGE XĪNGQĪ DE KÈ.
We attended three weeks of classes last month.

1. wŏ dào Měiguo lái de shíhou wŏ zuòle liăngge lǐbài de chuán.
   I was on the ship for two weeks when I came to America.
2. shàngge xīngqī nǐ jiāole jǐtiān shū?
   How many days did you teach last week?
3. qùnián, ta zài Bōshìdùn zuò le wǔge yuè de shì.
   He worked in Boston for five months last year.
4. gāngcái, ta jiù shuōle yìhuěr huà.
   She talked a moment ago, but only for a little while.

5. shàngge zhōumò ta zuòle yìtiān de gōngkè.
He did homework for a whole day last weekend.

6. zài Xiānggǎng de shíhou wo chīle yíge lǐbài de Zhōngguo fàn.
When I was in Hong Kong, I ate Chinese food for a week.

```
         TW    N     VLE     TIME SPENT    (DE)  O         LE.
3.       TA    JIĀOLE SHÍJǏNIÁN            DE    ZHŌNGWÉN  LE.
```
So far, he has taught Chinese for over ten years.

1. tamen kāile sāntian de chē le.
So far, they have driven for three days.

2. women shuōle yìhuěr huà le.
So far, we've (only) chatted for a little while.

3. ta yǐjing niànle liǎngnián de Zhōngwén le.
So, far, he has studied Chinese for two years.

4. jīnnian women shàngle shíèrge lǐbài de kè le.
(As of) this year, we've attended classes for twelve weeks.

5. ta zài fēijīchǎng zuò le wǔnián de shì le.
He has worked at the airport for five years so far.

6. women zài lǚguǎn zhùle sìge yuè le.
So far, we have lived in the hotel for four months.

B. With objectless verbs

```
      N      (AV)      V      TIME.
1.    NI     DǍSUAN    ZǑU    DUŌSHAO TIĀN?
```
How many days do you plan to be gone?

1. ta měige lǐbài lái liǎngtiān.
She is here for two days every week.

2. tamen xiǎng zài Lúndūn zhù bànnián.
They intend to live in London for six months.

3. wo jiù qu sān-sìtian.
I'm going (there) for only three or four days.

Lesson 13

              TW   N   VLE   TIME.

2. SHÀNGGE XĪNGQĪ TA LÁILE SĀNTIĀN.

    Last week, he was here for three days.

1. qùnián ta zài Rìběn zhùle hǎojige yuè.   He lived in Japan for several months last year.
2. gāngcái wo fùqin láile yìhuěr.   A moment ago, my father show up for a little while.
3. shàngge yuè wo tàitai zǒule yíge lǐbài.   Last month, my wife was away for a week.

              N   VLE   TIME   LE.

3. TĀ YǏJING ZǑULE YÍGEDUŌ YUÈ LE.

    He has already been away for over a month so far.

1. ni dào Yélǔ láile duōjiǔ le?   How long have you been at Yale so far?
2. tamen zài Niǔyuē zhùle kuài èrshinián le.   They have lived in New York for almost twenty years so far.
3. Chén Xiānsheng qùle liǎnggeduō lǐbài le.   Mr. Ch'en has gone over there for over two weeks so far.

III. IDENTIFICATION OF TIME

          TW   (SHI)   X NIÁN   X YUÈ X HÀO.

QÙNIÁN SHI NĚINIÁN?

    What year was last year?

1. lǐbàiwǔ shi jǐhào?   What day is/was it Friday?
2. zuótian shi bushi xīngqīsān?   Was yesterday Wednesday?
3. míngnian shi yī-jiǔ-bā-jǐnián?   What year (between 1980-1990) is next year?
4. qiántian shì lǐbàijǐ?   What day of the week was the day before yesterday?

5. shàngge yuè búshì jiǔyuè, shì   Last month was not September,
   shíyuè.   it was October.
6. jīntiān zài Rìběn yě shì   Is it also the sixth in Japan
   liùhào ma?   today?

IV. THE WHOLE BEFORE THE PART

N(SHI)   X NIÁN   X YUÈ   X HÀO   V   (DE).
WO SHI YĪ-JIǓ-QĪ-LÍNG ÈRYUÈ SHÍSĀNHÀO HUÍLAI DE.
I came back on the thirteenth of February in 1970.

1. wǒ mǔqin shi yī-jiǔ-líng-wǔ   My mother was born on the
   nián, sānyuè, shíyīhào shēng de.   eleventh of March in 1905.
2. Chén Tàitai shi shíèryuè èrshièrhào   Mrs. Ch'en returned to Shanghai
   huí Shànghǎi qu de.   on the twenty-second of December.
3. wǒmen shi shàngge lǐbàisì   We gave it to him last Thurs-
   zǎoshang gěi ta de.   day morning.
4. ta měinián bāyuè dōu dào   He goes to Europe to visit
   Ōuzhōu qu kàn ta fùqin.   his father every August.

V. COMPARISON WITH *yǒu* OR *méiyou*

A   (MÉI)YǑU   B   (NÈMMA/ZHÈMMA)   SV.
TA MÉIYOU TA DÌDI NÈMMA GĀO.
He is not as tall as his younger brother.

1. zhèr de jiāotōng méiyou   This place is not as convenient
   Niǔyuēde nèmma fāngbiàn.   as New York.
2. Xiānggǎng yǒu Běijīng nèmma   Is Hong Kong as large as Bei-
   dà ma?   jing?
3. Zhōngguo de qìchē méiyou   There aren't as many cars in
   Měiguode zhèmma duō.   China as there are in America.

4. zuò fēijī méiyou zuò chuán shūfu.
   To go by plane is not as comfortable as to go by boat.
5. ni jīnnian yǒu qùnian nèmma máng ma?
   Are you as busy this year as you were last year?

VI. NON-PUNCTUAL VERBS WITH SENTENCE OBJECTS
(Completed action particles avoided)

TW / N \ XIĂNG (SHUŌ, ZHĪDAO, WÈN, GÀOSONG, TĪNGSHUŌ) & SENTENCE OBJECT
ZUÓTIAN TA GÀOSONG WO TĀ XIÀLĬBAI QU.
He told me yesterday that he would go next week.

1. wo tīngshuō ta zài Jiānádà zuòguo shì.
   I heard that he had worked in Canada.
2. qùnian women xiǎng gěi ta yìdiǎr qián.
   We wanted to give her some money last year.
3. zài Fàguo de shíhou wo zhīdao ta búhuì shuō Fàguo huà.
   When we were in France, I knew she didn't know how to speak French.
4. zuótian tā gēn lǎoshī shuō ta zhèijitiān méiyou gōngfu zuò gōngkè.
   He told the teacher yesterday that he hadn't had any time to do his homework these last few days.

LESSON 14

I. QUESTION WORDS AS INDEFINITES

A. Indefinites in questions

```
 N    V    QW  (LE)   MA?
NI   YÀO  SHÉMMA      MA?
```
Do you want anything?

1. zuótian ni mǎi shémma le ma? Did you buy anything yesterday?
2. ta gàosong shéi le méiyou? Did he tell anyone?
3. zhèige zhōumò ni yào dào nǎr qu ma? Are you going anywhere this weekend?
4. nèige xiǎoháizi huì zuò shémma shìqing ma? Can that little child do anything?
5. zhèiliǎngtiān, ni gěi shéi xiě xìn le ma? Have you written anyone in these last two days?

B. Indefinites in Statements

1. Indefinites after negative adverbs

```
 N   BÙ/MÉI    V    QW   (N)
WO   BÙXIǍNG   HĒ   SHÉMMA.
```
I don't intend to drink anything.

1. women méiqǐng shémma rén. We didn't invite anybody (special).
2. wo búyào mǎi shémma dōngxi, jiù xiǎng kànkan. I don't want to buy anything; I'm just looking.
3. zhèige lǐbài ta méidào nǎr qu. He didn't go anyplace (special) this week.
4. wo méiyou shémma shìqing. I don't have any particular business.
5. zhèibànnián women méikàn shémma diànyěngr. We didn't go to many movies in the last six months.
6. wo jìde nèige chénglǐtou méiyou shémma hǎo lǚguǎn. I remember that there aren't many good hotels in that town.

Lesson 14

```
           N      MÉI/BÙ-ZĚMMA   V      O
                  BÙ-ZĚMMA              SV.
```
2.   ZHÈR   BÙZĚMMA   XIÀ   XUĚ.

It doesn't snow all that much here.

1. taitai kèqi, xiānsheng bùzěmma kèqi.
   The wife is polite, (but) the husband isn't all that polite.
2. ta gěi wo de táng bùzěmma hǎochī.
   The candies he gave me are not very tasty.
3. jīnnian wo méizěmma chuān nèijiàn hóng yīshang.
   I didn't wear that red dress all that much this year.
4. jiějie ài shuō huà, mèimei bùzěmma ài shuō huà.
   The older sister is talkative, (but) the younger one is not.
5. zuótian wo méizěmma chī dōngxi.
   I didn't eat all that much yesterday.

```
           N      MÉI V    DUŌSHAO   (N).
                  JĬ  M              (N).
```
3.   WO   MÉIMǍI   JĬ ZHĀNG   YÓUPIÀO.

I didn't buy many stamps.

1. ta de dà nǚer méiyou duōshao péngyou.
   Her oldest daughter doesn't have many friends.
2. zhèr méiyou jǐge Àozhōu rén.
   There aren't many Australians here.
3. wo búhuì zuò duōshao cài.
   I can't cook many dishes.
4. zuótian wǎnshang ta méiniàn duōshao shū.
   He didn't do much homework last night.
5. women méihē jǐpíng jiǔ.
   We didn't drink many bottles of wine.

	N	MÉI/BÙ	CV	QW	V	(O).
4.	WŎ	MÉI	GĚI	SHÉI	DĂ	DIÀNHUÀ.

I didn't call anyone on the telephone.

1. nèijiàn shì wo méigēn shémma rén shuō.
   I didn't tell anyone about that matter.
2. wo bùgēn shéi qu; wo zìjǐ qu.
   I'm not going with anybody; I'm going by myself.
3. xīngqiliù women méidào năr qu chī fàn; women shì zài jiāli chī de fàn.
   We didn't go anywhere to eat Saturday; we ate at home.
4. wo búyòng shémma ròu zuò tāng. wo jiù yòng qīngcài zuò.
   I'm not using any meat to make soup. I'm only using vegetables.

C. Indefinites in the topic position

	N	QW	(O)	DŌU/YĚ	(NEG.)	V.
1.	TA	SHÉMMA	GŌNGKÈ	DŌU	MÉI	YŎU.

He doesn't have any homework at all.

1. wo shémma dōu chī.
   I'll eat anything.
2. shéi ta dōu yào qǐng.
   She wants to invite everyone.
3. zhèige zì zěmma xiě yě bùhǎokàn.
   No matter how you write this character, it's ugly.
4. Shànghǎi, năr dōu yǒu rén.
   There are people everywhere in Shanghai.
5. ta shémma shuǐguǒ dōu bùnéng chī.
   He can't eat any fruit at all.
6. shémma chē ta dōu búài kāi.
   She doesn't like to drive any cars.

N	YĪ-M	(O)	DŌU/YĚ	NEG.	V.
WO	**YIDIǍR**	**QIÁN**	**YĚ**	**MÉI**	**YOU.**

I don't have even one bit of money.

1. wo yíge Déguo zì yě búrènshi. — I don't know even a single German word.
2. zhèixiē júzi, yíge hǎode yě méiyou. — There isn't a single good one among these oranges.
3. jīntian zǎoshang ta yìbēi kāfēi dōu méihē. — He didn't even drink one cup of coffee this morning.
4. zuótian, yìdiǎr yǔ yě méixià. — There wasn't any rain at all yesterday.
5. ta tàitai yìdiǎr dōu bùzhidào. — His wife doesn't know a thing.
6. Xiānggǎng, wo yíge rén dōu búrènshi. — I don't know a single soul in Hong Kong.

II. Time expressions with *yiqián*, *yihòu*, and *de shíhou*

A. *Yǐqián*

1. General use

YǏQIÁN	N (YǏQIÁN)	V	(O).
YǏQIÁN	**TA**	**MÉI XUÉGUO**	**ZHŌNGWÉN.**

He had never studied Chinese previously.

1. yǐqián, nimen yě zhùzai zhèr ma? — Did you also live here before?
2. yǐqián, ta cháng dào Ōuzhōu qu kàn ta nǚer. — Formerly, he often went to Europe to visit his daughter.
3. yǐqián, chī de dōngxi méiyou xiànzai zhèmma guì. — Formerly, the food (prices) were not as high.
4. wo yǐqián búrènshi ta. — I didn't know him before.

2. Specific use.

VO YǏQIÁN (VO YǏQIÁN)
TW YǏQIÁN N (TW YǏQIÁN) V (O).
YĪJIǓQĪLÍNG YǏQIÁN NI ZÀI NǍR?
Where were you before 1970?

1. shuō huà yǐqián, ni zuì hǎo xiān xiǎngxiang.
   Think before you speak.

2. chī fàn yǐqián, tamen cháng hē yìdiar jiǔ.
   They often drink a little wine before meals.

3. wǔyuè yǐqián wo búhuì dào Zhōngguo qu.
   I will not be going to China before May.

4. shàng huǒchē yǐqián wo yào mǎi yífèr bào.
   I want to buy a newspaper before boarding the train.

5. zuò gōngkè yǐqián, women děi hē yìdiǎr kāfēi.
   Before doing homework, we have to drink some coffee.

B. *Yǐhòu*

1. General use

YǏHÒU N (YǏHÒU) V (O).
YǏHÒU NǏ BÚBÌ NÈMMA KÈQI LE.
From now on, there is no need to be so polite.

1. yǐhòu qǐng ni cháng dào women jiā lái wár.
   From now on, please come to our home often.

2. yǐhòu wo yídìng bùgěi ta mǎi dōngxi le.
   From now on, I won't buy things for her anymore.

3. yǐhòu ni bié yòng dāochā chī Zhōngguo fàn.
   From now on, don't eat Chinese food with knives and forks.

4. yǐhòu shémma shìqing ta dōu búgàosong wo le.
   Afterwards, she didn't tell me anything.

Lesson 14

2. Specific use.

```
VO YĬHÒU            N (VO YĬHÒU)       V        (O).
TW YĬHÒU              (TW YĬHÒU)
```
CHĪ WǍNFÀN YĬHÒU WO DĔI XIŪXIXIUXI
After supper, I have to take a rest.

1. měitian xià kè yǐhòu ta jiù huí jiā. — He goes home after classes every day.
2. wo huàn le yīshang yǐhòu, women chū qu chī fàn. — After I change my clothes, we'll go out to eat.
3. yījiǔjiǔsì yǐhòu wo jiù búzài Yélǔ le. — After 1994, I will no longer be at Yale.
4. ni dàole Táiběi yǐhòu qǐng nǐ gěi wǒ xiě xìn. — Please write to me after you've arrived in Taipei.
5. xià bān yǐhòu wo kéyi qu kàn ta. — I can go see him after work.

C. *de shíhou*

```
V   (O)      DE SHÍHOU     N (V (O) DE SHÍHOU) V      (O).
```
CHĪ FÀN DE SHÍHOU TA CHÁNG HĒ QÌSHUǏ.
He often drinks soda during meals.

1. kāi chē de shíhou ta hěn ài shuō huà. — She really likes to talk while driving.
2. shàng kè de shíhou, qǐng nǐmen bié chī dōngxi. — Please don't eat while in class.
3. wo xiǎo de shíhou chang gēn wo jiějie yīkuàr wár. — I often played with my older sister when I was a child.
4. ni dào Lúndūn qu de shíhou, qǐng ni gěi wo mǎi diǎr Yīngguo táng. — When you go to London, please get me some English candies.
5. huíjiā de shíhou qǐng ni mǎi yìdiǎr yóupiào. — Please buy some stamps on the way home.

III. Verbs (with objects) and directional sentence particles

```
      N    V    O/PW           LAI/QU.
QǏNG NǏ   NÁ   YÌDIĂR KĀFĒI  LAI.
```
Please bring some coffee.

1. ta míngnian yào huí Běijing qu.
   She wants to return to Beijing next year.
2. ni wèishemma bukāihuí Bōshìdùn qu?
   Why don't you drive back to Boston?
3. wo děi xiān xià lóuxià qu ná yìdiăr shuǐ.
   First, I have to go downstairs to get some water.
4. ni zuì hăo dă yíge diànhuà qu wèn yi wèn.
   You'd better make a phone call and find out.

IV. Reduplication of verbs for casual effect

A. Non-past

1. One-syllable verbs

```
  N              V(YI)V        (O).
WO YÀO GĒN TA   TÁN YI TAN.
```
I want to talk it over with him.

1. ta yǒu gōngfu de shíhou, jiù qu kànkan diànyěngr.
   He goes to the movies whenever he has free time.
2. lǐbàiliù ta tàitai cháng qu dăda wăngqiú.
   His wife often plays tennis on Saturdays.
3. wo búài dào shémma dìfang qu wár; wo jiù ài zài jiāli kànkan shū, zhòngzhong huār.
   I don't like to go anywhere to have fun; I just like to read a little and do a bit of gardening at home.

2. Two syllable verbs

    N   V V (ABAB)   (O).

WO GĚI NIMEN LIĂNGWÈI JIÈSHAOJIESHAO.

Let me introduce you to each other.

1. jīntian wǎnshàng wo děi   I have to do some homework for
    yùbeiyùbei míngtian de gōngkè.   tomorrow.
2. kuài yidiǎr zhǎo yige rén lai   Hurry up and find someone to
    xiūlixiūli womende diànshì.   fix our T.V.

B. Past tense

   N   V LE   (YI) V   (SP NUM (O)).

WO XIĂNG LE XIANG NI SHUŌ DE HUÀ. JUÉDE HĚN DUÌ.

I thought over what you've said. You were quite right.

1. wo hēlehē nèige jiǔ. yǒu   I tried that wine. It's a
    yidiǎr tài suān.   little too sour.
2. zuótian wǎnshang, wo kànle-   I took a look at those photographs
    kàn nèixie xiàngpiār. méiyou   last night. There's not
    yìzhāng hǎode.   a single one that is good.
3. ta gēn wo shuōleyishuō   He talked to me a little about
    nèijiàn shì, wo hái bùdǒng   that matter, (but) I'm still
    tade yìsi shi shémma.   not clear about what he means.

LESSON 15

I. SVs-*kuài, màn, duō and shǎo* as adverbs in commands and requests

A. *Kuài, màn*

    (N)   KUÀI/MÀN   V   (O)/
1. **NI   KUÀI   JÌGEI   TA BA!**
    Hurry up and mail it to him!

1. kuài ná diǎr diǎnxin lai.	Hurry up and bring over some pastries.
2. kuài qù jiē ni mǔqin.	Hurry up and go meet your mother.
3. ni kuài wèn ta, ta jiù yào zǒu le.	(You) hurry up and ask her (because) she is about to leave.

    (N)   KUÀI/MÀN   YÌDIǍR   V   (O)
2. **NI   MÀN   YÌDIǍR   JIǍNG,   WOMEN CÁI DǑNG NE.**
    We can only understand it (if) you explain it more slowly.

1. wo juéde ni yīngdāng kuài yìdiǎr gěi ta huí xìn.	I feel that you ought to hurry and send a reply to him.
2. ni kuài yìdiǎr huí jiā ba, ni fùmǔ bùgāoxìng le.	You'd better hurry up and go home (because) your parents are getting angry.
3. wo xīwàng ni yǐhòu màn yìdiǎr kāi chē.	I hope you'll drive more slowly in the future.
4. zhèiběn xiǎoshuōr hěn nán dǒng, děi màn yìdiǎr kàn.	This novel is difficult to understand, (so) you have to read it more slowly.

Lesson 15

B. Duō, shǎo

      (N)   AV   DUŌ/SHǍO V   (O)

1. NIMEN YĪNGDĀNG DUŌ KÀN SHŪ, SHǍO KÀN DIÀNSHÌ.

    You should read more books (and) watch less television.

1. wo xīwàng nimen duō shuō   I hope that you will speak more
   Zhōngwén, shǎo shuō Yīngwén.   Chinese and speak less English.
2. wo tīngshuō women dōu yīng-   I heard that we should all
   dāng shǎo hē kāfei.   drink less coffee.
3. ta mángjíle, wo dōu bùgǎn gēn   He's extremely busy. I don't
   ta duō shuō huà.   dare to talk to him much.

                             NUM
   (N)   DUŌ/SHǍO V YÌDIǍR (O)

2. NI ZUÌ HǍO DUŌ CHĪ YÌDIǍR QĪNGCÀI.

    You'd better eat (a little) more vegetables.

1. ni néng bunéng shǎo mǎi   Can you do (a little) less
   yìdiǎr dōngxi?   shopping?
2. ni wèishémma bùshǎo chī   Why don't you eat a little
   yìdiǎr táng, duō chī yìdiǎr   less candy (but) a little
   shuǐguǒ?   more fruit?
3. jīnnian ni duō gěi jiāli xiě   How about writing home more
   jǐfēng xìn, hǎo buhǎo?   often this year?
4. zhèige zì, ni yàoshi duō zuò   If you practice this word by making more
   jǐge jùzi, liànxi liànxi, ni   sentences with it, then you'll be
   jiù huì yòng le.   (able to use it:) familiar with its usage.
5. kèren lái de shíhou, wo xīwang   When the guests arrive, I hope that
   ni duō shuō jǐjù huà, shǎo hē   you'll make more effort at conversation
   jǐbēijiǔ.   and have less to drink.

II. Hěn shǎo

    N   HĚN   SHǍO   V   (O).

WǑ HĚN SHǍO YÁNJIU GUĀNYU LÌSHǏ DE WÈNTÍ.

I very seldom study matters concerning history.

1. tāmen hěn shǎo zài fànguǎrli chī fàn.
   They very seldom eat in restaurants.
2. nèixie gōngren hěn shǎo yǒu jīhuì dào biéde gōngchǎng qù cānguān.
   Those workers very seldom have the opportunity to visit other factories.
3. rénmín hěn shǎo xīwang tāmende guójiā yǒu zhànzhēng.
   People very rarely want to have their country (have to:) go to war.

III. Manner patterns

A. In commands

1. With *kuài, màn, dà, xiǎo*

    (N)   V (DE)   SV   YÌDIǍR.

QǏNG NǏ CHÀNGDE KUÀI YÌDIǍR.

Please sing faster.

1. jiào tā kāide màn yìdiǎr, xíng buxíng?
   Tell him to drive slower, okay?
2. nǐde zì tài xiǎo. nǐ kéyi xiěde dà yìdiǎr ma?
   Your characters are too small. Can you write them a little larger?
3. nǐ huà de xiǎo yìdiǎr, zhèi-zhāng zhǐ jiù gòu dà le.
   (If) you can draw (the picture) a little smaller, then this paper will be large enough.

Lesson 15

B. In statements

1. Without objects

```
    N        VDE      A    SV
NI NǛER   CHÀNGDE  ZHĒN  HǍO.
```
Your daughter sings really well.

1. wo juéde ni jīntian chīde búgòu.
   I don't think you had enough to eat today.
2. ta jiǎngde hěn qīngchu.
   He explains it very clearly.
3. ni huídáde dōu duì.
   You've answered everything correctly.
4. zuótian wo kǎode búcuò.
   I did pretty well on the exams yesterday.
5. women zài Huáshèngdùn wárde hěn gāoxìng.
   We had a great time in Washington.
6. ta zǒude kuàijíle.
   He walks extremely fast.

2. With objects

A. General objects

```
  N   V   O    VDE     A    SV
 TA  CHĪ FÀN  CHĪDE   HĚN  KUÀI.
```
He eats very fast.

1. ni shuō Zhōngguo huà shuōde zhēn hǎo.
   You speak Chinese very well.
2. nèige rén zuò shì, zuòde tài màn.
   That person works too slowly.
3. Zhāng Tàitai xiě zì, xiěde hěn hǎokàn.
   Mrs. Chang writes beautifully.
4. ta mèimei zuò fàn zuòde hěn hǎo.
   His younger sister is a good cook.
5. nèige xuésheng niàn shū niànde hěn hǎo.
   That person (studies very well) is a good student.
6. zuótian xià xuě xiàde hěn dà.
   It snowed very heavily yesterday.
7. háizimen yòng qián yòngde bùshǎo.
   The children spent a lot of money.
8. ta kàn diànshì, kànde tài duō.
   He watches too much television.

B. Specific objects.

    (N DE) O,   VDE   A   SV
NI DE ZHŪRÒU ZUÒDE HĚN HĂOCHĪ.
You cook delicious pork.

1. ta de qìchē, măide hěn piányi.   He bought his car for a good price.
2. tāmen de shū, xiěde hěn hăo.   Their book is well written.
3. Lĭ Xiăojie de huàr, huàde hăojíle.   Miss Lee paints extremely well.
4. júzi, wŏ chīde hěn duō.   I eat a lot of oranges.
5. xiăokăo, tāmen kăode búcuò,   They did well on the quizzes,
    kěshi dà kăo, dōu kăode bùhăo.   but not on the final.
6. jīntiān de píjiŭ, wŏ hēde yŏu   I had too much beer today.
    yìdiăr tài duō le.

    SP   (NU)   M   O,   N   VDE   A   SV
2. NÈI GE GŌNGZUÒ TĀ ZUÒDE HĚN KUÀI.
He did that job very quickly.

1. zhèiliăngge zì nĭ xiěde bùhěn qīngchu.   You didn't write these two characters very clearly.
2. nèige wèntí nĭ huídáde hăojíle.   You answered that question very well.
3. nèiběn xiăoshuōr tā xiěde bùzěmma hăo.   She didn't do well in writing that novel.

C. In negative commands

    (N)   BIÉ / BÚYÀO   VDE   A   SV
BIÉ ZŎUDE NÈMMA KUÀI!
Don't walk so fast!

1. bié kāide zhèmma kuài. hái zăo ne.   Don't drive so fast. It's still early.
2. búbì gěide zhèmma duō. liăngkuài qián jiù gòu le.   There is no need to give so much. Two dollars would be enough.

Lesson 15

3. bié zuòde tài kuài. yí kuài le
    jiù zuòbùhǎo le.

Don't rush through it. Once you rush it you won't be able to do it well.

IV. Yǒu méiyǒu V. in long questions about past action

    N   YǑU   MÉIYǑU   V . . . .   ?
NI   YǑU   MÉIYǑU   XUÉGUO KĀI FĒIJĪ?
Have you ever learned to fly a plane?

1. ni yǒu méiyǒu shōudao shàngge lǐbài wǒ jìgei ni de shū?
    Have you received the books I sent you last week?

2. ni yǒu méiyǒu gēn ni érzi qu cānguān nèijige dàxué?
    Have you gone with your son to visit those colleges?

3. ni yǒu méiyǒu kànguo ta sìshisuì de shíhou xiě de nèixie gùshi?
    Have you read those stories she wrote when she was forty?

4. ni yǒu méiyǒu wènguo ta Wáng Xiáojiě de xīn zhùzhǐ?
    Have you ever asked him for Miss Wang's new address?

LESSON 16

I. The transposed actor

          V(LE)   N   LE

A. LÁILE PÉNGYOU LE.

    Here come some friends.

1. lái rén le.   Some people have arrived.
2. shēng háizi le.   A child is born.
3. huàn lǎoshī le.   The teacher has been replaced.

    CV   PW   VVS   LE   NUM   N

B. CÓNG CHUĀNGHU WÀITOU FĒIJINLAI LE LIǍNGZHĪ NIǍOR.

    Two birds flew in the window.

1. cóng sùshèli bānzǒu le jǐge xuésheng.   A few students moved out of the dormatory.
2. cóng chúfángli zǒuchu lai le yíge lǎo tàitai.   An old lady walked out of the kitchen.
3. cóng shānshang kāixia lai le sānliàng qìchē.   Three cars drove down the mountain.

II. More on the pivot.
(The *italicized* words constitute the pivot.)

A. Pivot as object/ transposed object

  N1   V   O/TRAN.O   N2 V

TĀ QǏNGLE YÍGE PÉNGYOU, LǍO WÁNG WǑ BÚRÈNSHI.

    She invited *a friend* whom I didn't know: *Old Wang*.

1. tā shuōle *yíge fànguǎr Běijīng Lóu*, wǒ méiqùguo.   He mentioned *a restuarant* where I have never been: *Peking Pavillion*.
2. Zhāng Xiānsheng xiěle *yìběn shū*, shéi dōu ài kàn.   Mr. Chang wrote *a book* which everyone likes to read.

Lesson 16

B. Pivot as object/ subject

```
     V    O/N              V       (O)
YOU SĀNGE XUÉSHENG   MÉIYOU  SHŪ.
```

There are *three students* who do not have books.

1. tamen bānzoule *yìdiǎr dōngxi*,
    dōu shi wǒde.
    They moved away *some things* which belong to me.

2. ta xiěle *yíge fántizì*, bǐhuà duōjíle.
    He wrote *an unsimplified character* which has many strokes.

C. Pivot as subject/subject

```
V(VS) LE  NUM         TRAN. SUBJECT/SUBJECT    V/LE (O)    A       V
LÁI   LE  YÍLIÀNG     DÀ QICHĒ                 DÀOLE   JIÙ YÒU ZǑU LE.
```

There came *a big limousine* which, as soon as it arrived, drove away again.

1. gāngcái, jìnlai le *liǎngwèi lǎoshī*, chīle fàn, jiù chū qu le.
    A moment ago, *two teachers* arrived, who, after they ate, went out.

2. cóng Hāfó láile *yíwèi jiàoshòu*, jiāole shū, jiù huí Jiànqiáo qu le.
    A Harvard *professor* went back to Cambridge as soon as he (finished) lecturing.

III. Tā as "it"

```
                     N      V    TA
ZHÈIYÀNGDE CÀI   WOMEN  JIÀO  TA  TIÁNSUĀNRÒU.
```

We call this kind of a dish "sweet and sour pork."

1. Běijīng huà, women jiào tā běr.
    We call it "notebook" in Mandarin.

2. zài Táiwān tamen jiào ta běnzi.
    They call it "notebook" in Taiwan.

3. nèibēi kāfēi tài tián, wo búyào hē (ta).
    This cup of coffee is too sweet; I don't want to drink it.

4. zhèikuài ròu yǐjing huàile.ni This piece of meat is already spoiled.
   wèishémma hái yào chī (ta) ne? Why do you still want to eat it?

IV. Lone localizers as objects of *wàng* and *cóng*

```
         WÀNG    L/PW    V.
A.       WÀNG   SHÀNG   KÀN.
```
Look up.

1. ni wàng yòu kāi, bié wàng zuǒ. You drive to the right, not to the left.
2. wàng xīnán zǒu, yìhuěr, jiù Go towards the southwest
   dào le. (and) you'll be there in no time.

```
              CÓNG   L1/PW1   WÀNG   L2/PW2   V
B. ZHŌNGGUO SHŪ DĚI CÓNG  SHÀNG   WÀNG   XIÀ   KÀN.
```
You have to read Chinese books from top to bottom.

1. Yīngwén zì shì cóng zuǒ wàng You write English words from
   yòu xiě de. left to right.
2. Zhōngguo zì děi cóng shàng Chinese characters must be
   wàng xià xiě. written from top to bottom.
3. tāmen xiǎng cóng chéng xībiar They want to move from the
   bāndao chéng dōngbiar qu. west side of the city to the east side.

V. Comparison

A. Likeness and similarity with *yíyàng*

```
     A                    GĒN    B      (BÙ) YÍYÀNG
1. YÉLǓDE TÚSHŪGUǍN  GĒN  HĀFÓDE  BÙYÍYÀNG.
```
Yale's library isn't the same as Harvard's.

1. zhànzhēng yǐqián gēn zhàn- Before the war is certainly
   zhēng yǐhòu hěn bùyíyàng. not the same as after the war.
2. cóngqián de diànyěngr gēn Are the movies of former times the
   xiànzài de yíyàng ma? same as movies of present times?

Lesson 16

3. báitian niàn shū gēn wǎnshang Studying in the day is not
   niàn shū bùyíyàng.   the same as studying at night.
4. zhèige dìtú gēn nèige yíyàng. This map is the same as that one.

       A   GĒN   B   (BÚ)SHÌ YÍYÀNG   DE.
2. TADE SÙSHÈ GĒN WǑDE SHÌ YÍYÀNG DE.
      His dormitory is the same as mine.

1. zhèiyàngr zuò gēn nèiyàngr   Doing it this way is the same
   zuò shì yíyàng de.   as doing it that way.
2. jiǎntǐzì gēn fántǐzì búshì   Simplified characters are not
   yíyàng de.   the same as unsimplified ones.

     SPNUM N   (BÙ) YÍYÀNG
3. ZHÈILIǍNGGE ZÌ DE YÌSI BÙYÍYÀNG.
    The meaning of these two words are not the same.

1. zhèiliǎngzhǒng niǎor bùyíyàng.   These two kinds of birds are not the same.
2. nèiliǎngge lǜ yánsè bùyíyàng.   These two green colors are not the same.
3. zhèijǐge chuānghu dōu yíyàng.   These windows are all the same.

B. Resemblance with *xiàng*
1. *Xiàng* as stative verb

     A   GĒN   B   A   XIÀNG
A. NǏ MÈIMEI GĒN NǏ HĚN XIÀNG.
    Your younger sister resembles you a lot.

1. Lǐ Xiānsheng gēn Lǐ Tàitai   Mr. Lee looks a little like
   yǒu yìdiǎr xiàng.   Mrs. Lee.
2. yǒu rén shuō Běijīng gēn   Some people say Beijing is
   Bōshìdùn hěn xiàng.   quite similiar to Boston.
3. ta dìdi gēn tā yìdiǎr yě   His younger brother is
   búxiàng.   totally different from him.

SPNUM N   A   XIÀNG

B. ZHÈILIĂNGJIÀN YĪSHANG HĚN XIÀNG.

These two dresses are very similiar.

1. wo juéde zhèijǐge xiōngdì dōu búxiàng. — I feel that all of these brothers are different.
2. ni kàn nèiliăngběn xiăoshuōr hěn xiàng ma? — Do you think those two novels are similiar?

2. Xiàng as verb

A (BÙ) XIÀNG B

A. TĀ HĚN XIÀNG TĀ JIĚJIE.

She is just like her older sister.

1. ni xiàng ni fùqin, háishi xiàng ni mǔqin? — Do you remember your father or your mother?
2. nèige háizi xiàng shéi? — Whom does that child take after?
3. ta shéi dōu búxiàng. — He resembles no one.
4. Shànghǎi xiàng búxiàng Niǔyuē? — Is Shanghai like New York?

A   XIÀNG B   SHÌDE

B. TĀMEN XIÀNG JIĚMÈI SHÌDE.

They look as if they were sisters.

1. ta tàitai xiàng yíge Yīngguo rén shìde. — His wife looks as if she were British.
2. nèige rén hē jiǔ xiàng hē shuǐ shìde. — That person drinks liquor as if she were drinking water.
3. nèiwèi xiăojiě shuō huà xiàng Fàguo rén shìde. — That young lady talks as if she were French.
4. zhèixiē rén dōu xiàng xuésheng shìde. — These people all look as if they were students.

VI. The usage of -zhe

A. In commands

    (N)   V ZHE   (O)
NI   DĚNGZHE, WǑ JIÙ HUÍ LAI.
Wait, I'll be right back.

1. nǐ bāngzhe wǒ bān zhèige hēibǎn, xíng buxíng?   How about helping me move this blackboard?
2. jìzhe, zhè shi wǒde zhùzhǐ.   Don't forget, this is my address.
3. nǐmen kànzhe! zhèige Zhōngguó zì de bǐhuà yīngdāng shì zhèmma xiě.   Watch. The stroke (order) of this character should be written like this.

B. In statements indicating continuance

    N   V ZHE   NE
1. **NÈIGE CHUĀNGHU KĀIZHE NE MA?**
Is that window open?

    N   MÉI V ZHE
NÈIGE CHUĀNGHU MÉI KĀIZHE.
The window is not open.

1. shūpù xiànzài hái kāizhe ne.   The bookstore is still open now.
2. hòumén guānzhe ne ma?--guānzhe ne.   Is the back door closed? Yes, it is.

    V ZHE   N   NE
2. **LÓUSHANG KĀIZHE CHUĀNGHU NE MA?**
Are there some windows open upstairs?

            MÉI V ZHE   N
LÓUSHANG MÉIKĀIZHE CHUĀNGHU.
    There are no windows open upstairs.

1. chēlitou kāizhe chuānghu ne ma?   Are there any windows open in the car?
2. jiù kāizhe yíge.   Only one is open.

3. With PWs

A. Noun as recipient of action

  N   (MÉI) ZÀI PW   V ZHE   (NE)
BǏ   ZÀI NǏ SHǑULI NÁZHE NE.
    The pen is in your hand.

1. nide yǐzi dōu zài xuéxiào yòngzhe ne.   Your chairs are all being used at school.

B. Noun as actor of the action

  N   (MÉI) ZÀI PW   V ZHE   (O) (NE).
NǏ PÉNGYOU ZÀI MÉN WÀITOU DĚNGZHE NǏ NE.
    Your friend is waiting for you outside of the door.

1. tamen dōu hái zài wǒ jiā zhùzhe ne.   They are all still living in my home.
2. xuésheng dōu zài gōnggòng qìchēshang zuòzhe ne.   The students are all sitting on the bus.
3. háizimen dōu zài wàibiār wárzhe ne ma?   Are the children all playing outside?

Lesson 16   107

```
            N (PW)  (MÉI) V ZHE              O
              NE
C.   TĀ   CHUĀNZHE   YÍJIÀN LÁN YĪSHÀNG.
     She is wearing a blue dress.
```

1. wàibiār xiàzhe yǔ ne. It's raining outside.
2. xuéshengmen zhèng shàngzhe kè ne. The students are in the middle of attending classes.
3. lùpángbiār zhòngzhe hěn duō huār. There are a lot of flowers on the side of the road.
4. ta shǒuli názhe yìxiē hóng huār. She's holding some red flowers in her hands.

4. Concurrent action with -zhe

```
       N          V ZHE        (O),  V    O
MĚITIĀN TĀ   DŌU ZǑUZHE       HUÍ  SÙSHÈ QU.
```
He walks back to the dormitory every day.

1. tamen cháng hēzhe kāfēi tán huà. They often chat while drinking coffee.
2. wǒ bú'ài zuòzhe jiāo shū. I don't like to teach sitting down.
3. xǐhuan chīzhe dōngxi kàn diànyǐngr de rén duō buduō? Are there a lot of people who like to watch movies while eating?
4. bié kànzhe shū huídá nèige wèntí. Don't answer that question while looking at your book.

5. V-zhe as a nominal expression

A. As subject

    V-ZHE   A   SV
DĚNGZHE ZHĒN MÉIYOU YÌSI.
It's really dull to be (kept) waiting.

1. wo xiǎng zuòzhe hǎo.   I think it's better to be sitting down.
2. zhèizhī bǐ, kànzhe hǎokàn,   This pen is attractive, but
   kěshi yòngzhe bùfāngbiàn.   inconvenient to use.

B. As object

   N   BÙ   (V)   V-ZHE
WO BÙ XǏHUAN ZUÒZHE.
I don't like sitting.

1. ta bú'ài kànzhe.   She doesn't like watching.
2. ta bùxǐhuan jìzhe.   He doesn't like remembering.

LESSON 17

I. More on pivots

A. With *yǒu*

N	(MÉI)YǑU	OBJECT/TRANS. OBJECT	V
RÉNMÍN DŌU	MÉIYOU	*LIÁNGSHI*	CHĪ.

All of the people have no provisions.

1. neige háizi méiyou yīfu chuān. — That child has no clothes to wear.
2. xiànzài yǒu hěn duō rén méiyou shìqing zuò. — There are a lot of people with no jobs now.
3. ta cháng shuō ta méiyou qián kéyi yòng. — He often says that he has no money he can spend.
4. ni yǒu meiyǒu jiù shū yào mài? — Do you have any used books for sale?

B. With *gěi*

N₁	GĚI(LE)	N₂	OBJECT / TRANS. OBJECT	V
TA	GĚILE	WO	YÌZHĀNG SHÌJIÈ DE DÌTÚ	KÀN.

He showed me a world map.

1. ni wèishemma bù gěi ta diǎr qián yòng ne? — Why don't you give her some money to use?
2. ta méi gěi wo shémma xiàngpiār kàn. — He didn't give me any photographs to look at.
3. ni zěmma jiù gěi tāmen yìbēi jiǔ hē? — How come you're only giving them one glass of wine to drink?
4. women yīngdāng duō gěi xuésheng yìxiē Zhōngwén shū kàn. — We ought to give the students more Chinese books to read.

II. The bǎ construction
A. With sentences ending in *laí* and *qù*

```
(N)      (A)       BĂ    O       V         LAI/QU    (LE)
PÙZI   YǏJING     BĂ   YĪFU   SÒNG       LAI        LE.
```
The store has already delivered the clothes.

1. wo jīntian méibǎ xuéxiàode
    yàoshi dài lai.
I didn't bring the school
    keys today.
2. ta bǎ nèixiē zhuōzi bān qu le ma? — Did he move the table(s) (there)?
3. bié bǎ háizimen dài qu. wo
    xiǎng tamen bùxǐhuan qu.
Don't bring the children. I don't
    think they would like to go.
4. women xīwàng jīnnian kéyi bǎ
    liángshi yùn qu.
We hope that we can ship the
    food there this year.

B. With directional suffixed verbs.

```
(N)    (A)    BĂ    O              V VS       LAI/QU    (LE).
WO    YÀO   BĂ   NǙPÉNGYOU   SÒNGHUI     QU.
```
I want to escort my girlfriend back.

1. jīntian wǎnshang wo xiǎng wǒ
    bùnéng bǎ chē kāihui lai.
I don't think that I can
    drive the car back tonight.
2. qǐng nǐ bǎ zhèige zhǐ kǒudai náxia qu. — Please take the paper bag down (there).
3. bié wàngle bǎ diǎnxin náshang lai.
Don't forget to bring the pastries
    up (here).
4. ta yòu bǎ nèixiē yǐzi bānchu qu le. — She moved those chairs out (there) again.

C. With suffixed verbs and PWs

1. *With Vzai and a PW*

```
(N)   (A)    BĂ    O    V ZAI      PW                    (LE)
WO           BĂ   CHĒ  TÍNGZAI   SÙSHÈ   QIÁNTOU     LE.
```
I've parked the car in front of the dormitory.

Lesson 17

1. bié bǎ yàoshi fàngzai nide kǒudàrli.
   Don't put the keys in your pockets.
2. ni juéde women yīnggāi bǎ qián dōu fàngzai yínhángli ma?
   Do you think we should put all our money in the bank?
3. wo bǎ wúxiàndiàn fàngzai chúfángli le.
   I put the radio in the kitchen.
4. shi shéi bǎ yīfu fàngzai zhèr de?
   Who put the clothes here?
5. zhèicì wo méibǎ háizi fàngzai wo māmaner.
   I didn't leave my children at my mom's this time.

2. With Vdào and a PW

(N)	(A)	BǍ	O	VDAO	PW	LAI/QU	(LE).
WO	YǏJING	BǍ	ZHUŌZI	BĀNDAO	LÓUSHANG	QÙ	LE.

I have already moved the table upstairs.

1. ta bùxiǎng bǎ nèijige péngyou dàidao Niǔyuē qu.
   He doesn't intend to bring these friends to New York.
2. jīntian xiàwu wo děi bǎ wǒ mèimei sòngdao fēijīchǎng qu.
   I have to take my younger sister to the airport this afternoon.
3. shàngge lǐbài ta yǒu meiyou bǎ tade qìchē kāidao Huáshèngdùn qu?
   Did he drive his car to Washington last week?
4. duìbuqǐ, wo xiànzai bùnéng bǎ nǐde shū nádao túshūguǎn qu.
   I'm sorry, I can't take your books to the library now.

3. With other suffixed verbs and a PW

(N)	(A)	BǍ	O	V VS	PW	LAI/QU (LE).
TA	PÍNGCHÁNG	BÙBǍ	SHŪ	DÀIHUI	JIĀ	QU.

Ordinarily, he does not bring his books home.

1. wo míngtian cái bǎ dōngxi
   I won't return the things to

sònghui pùzili qu ne. | the store until tomorrow.
2. wàibiar xià yŭ le. kuài bă nĭde péngyou qĭngjin lai ba. | It's going to rain. Hurry up and invite your friends in.
3. háizi bùshūfu le. tāmen jiào wo lìkè bă ta jiēhui jiā lai. | That child is ill. They told me to take him home immediately.
4. yīnwei zhèige zhōumò wo tài mángle suóyi wo méibă gōngkè dàihui jiā qu. | I didn't bring the homework home with me because I was too busy this weekend.

4. With -zŏu

(N) (A) BĂ O V ZŎU (LE)
BIÉ BĂ HUĀR NÁZŎU.
Don't take the flowers away.

1. gāngcái ta bă nèijifēng xìn dōu názŏu le. | He took all of those letters away a little while ago.
2. wo bă péngyoumen sòngzŏu le; wo xiànzai keyi xiūxi xiūxi le. | I just saw my friends off; I can take a little rest now.
3. wo jīntian méiyou chē. wo nŭer bă wŏde chē kāizŏu le. | I don't have a car today. My daughter drove my car today.
4. qĭng ni bié bă zhèijige cài názŏu. wo hái yào chī ne. | Please don't remove these dishes. I still want to have some more.

5. With -gĕi and an indirect object

(N) (A) BĂ O (V)GĔI I-O (LE)
WO MÉIBĂ NÈIZHĀNG HUÀR SÒNGEI LĂO WÁNG.
I didn't give that painting to Old Wang (as a present).

1. ta shuō ta yào bă tade chuán màigei women. | He said that he would sell his boat to us.
2. ni juéde women yīngdāng bă liángshi sònggei shìjièshang | Do you think that we should give some food to the world's

Lesson 17

    méiyou fàn chī de rén ma?   hungry people?
3. Lǐ Tàitai bǎ ta (zài) Bōshìdùn   Mrs. Lee sold her Boston
    de fángzi màigei ta dìdi le.   house to her younger brother.
4. nèige gēr hǎotīngjíle. ni   That song is beautiful. Why
    wèishemma bùbǎ ta chàng gěi   don't you sing that song for
    wǒmen tīng ne?   us?
5. qǐng ni bǎ nǐde zhùzhǐ xiěgěi   Can you write down your
    wǒ hǎo buhǎo?   address for me?

6. With *le*

                 (N)   (A)   BǍ   (O)   (DŌU) V   LE.
ZǑU YǏQIÁN TA   BǍ DŌNGXI DŌU MÀI LE.
    He sold all of his things before he left.

1. bié bǎ kāfēi dōu hēle. wo hái   Don't drink all of the
    méichī zǎofàn ne.   coffee. I haven't eaten breakfast yet.
2. zuótian wo bǎ gōngkè dōu zuò le.   I did all of my homework yesterday.
3. wo méibǎ ni gěi wǒ de qián dōu   The money you gave me, I
    yòng le. zhèr hái yǒu jǐkuài   didn't use it all up. There
    qián ne.   are still a few dollars left.
4. ni yīngdāng bǎ qīngcài dōu chī le. You should eat up all of your vegetables.

7. With *-huà* and *-chéng*

(N) (A/AV) BǍ   O   V HUÀ   (LE)
        BǍ   O   V CHÉNG   O₂
TA YÀO BǍ ZHÈIBĚN XIǍOSHUŌ FĀNCHÉNG YĪNGWÉN.
    He wants to translate this novel into English.

1. wǒmen zěmma yàngr kéyi bǎ   In what way can we simplify
    zhèige gōngzuò jiǎndānhuà?   this task?
2. qǐng ni bǎ zhèige jùzi fān-   Please translate this

chéng Zhōngwén.	sentence into Chinese.
3. ta bǎ Fǎguo lìshǐ xiěchéng yìběr xiǎoshuōr le.	He took French history and made it into a novel.

8. With two-syllable verbs, etc.

```
  N    (AV/A)   BǍ    O              TWO-SYLL V   (I-O)  (LE)
  NǏ   NÉNG    BǍ   TADE MÍNGZI   GÀOSONG       WO     MA?
```
Can you tell me his name?

1. Zhāng Xiānsheng bǎ tade qìchē   Mr. Chang took his car to be
   náqu xiūli le.   (2 syll. verbs) repaired.
2. ni bǎ nèige péngyou gěi ta   Did you introduce that friend to him?
   jièshao le méiyou?   (2 syll.) (v. and le)
3. jīntian women bùyídìng néng bǎ   I'm not sure we can solve all
   zhèixiē wèntí dōu jiějué le.   of these problems today.
                                                   (2 syll. v. and le)

9. With reduplicated verbs

```
   (N)   (AV)   BǍ    O                        V (LE)(YÌ) V
   WO          BǍ   NÈIXIĒ KÙNNAN GĒN TĀ SHUŌLEYÌSHUŌ.
```
I talked to him a little about those difficulties.

1. qǐng nǐmen bǎ dìshíqīkè kàn   Please read lesson seventeen.
   (yi) kàn.
2. shàngxīngqīrì, wo bǎ tóu   I washed my hair a bit last
   xǐle(yi)xǐ.   Sunday.
3. jīntian wo yào bǎ chē xǐ(yi)   I want to wash the car a
   xǐ.   little today.

10. With a NU-M

A. Indicating number of times

        (N)   (AV) BĂ   O   (ZÀI/YÒU) V(LE) NUM
QǏNG NÍN BĂ ZHÈIGE JÙZI ZÀI JIĂNG YÍCÌ.

Please explain this sentence one more time.

1. tamen bă nèige gēr liànxile hăojǐcì. — They practiced that song many times.
2. wo bă nèixiē yīfu yòu xǐle yícì. — I washed those clothes once more.

B. Indicating duration

    N   BĂ   O   V(LE)   TW
TA BĂ NÈIFĒNG XÌN KÀNLE BÀNGE ZHŌNGTÓU.

He read that letter for half an hour.

1. women bă nèiběn shū yánjiule hěn jiǔ hái bùdǒng ne. — We studied that book for a long time (but) we still don't understand it.
2. tamen bă jiāotōng de wèntí tánle liănggeduō zhōngtóu. — They talked about the communication problems for over two hours.
3. ni bă nèikuài zhūròu zài zuò yìhuěr, jiù kéyi chī le. — (If) you cook that piece of pork a little while longer, then it will be all right (to eat it).
4. women yào bă zhèige gēr liànxí yìhuěr, zài chàng. — We want to practice this song for a while, before we sing it.

1. With *tā* as "it"

(N)	(A)	BĂ	TA	V(VS)	(LE)
QǏNG	NǏ	BĂ	TA	ZÀI	SHUŌYISHUŌ.

Please talk about it a little more.

1. nèige chuānghu, qǐng nǐ bǎ ta guānle ba.
   Please close that window.

2. bié bǎ qián fàngzai zhuōzishang; bǎ ta fàngzai kǒudàrli.
   Don't put that money on the table; put it in your pocket.

LESSON 18

I. Punctual clock time expressions

          NU₁DIǍN   NU₂FĒN   ZHŌNG

A.   LIǍNGDIǍN   SÌSHÍFĒN (ZHŌNG)

               It's two-forty.

1. sāndiǎn (líng) wǔfēn   It's five minutes after three
   (zhōng).   (o'clock).
2. liùdiǎnbàn (zhōng).   It's six-thirty.
3. jiǔdiǎn wǔshiwǔ(fēn (zhōng)).   It's nine fifty-five.
4. shíyīdiǎn sānkè (zhōng).   It's eleven forty-five.
5. shíèrdiǎn yīkè (zhōng).   It's a quarter after twelve (o'clock).
6. qīdiǎn èrshí(fēn (zhōng)).   It's twenty minutes after seven (o'clock).
7. bā-jiǔdiǎn (zhōng)   eight or nine o'clock

          NU₁DIǍN   GUÒ   NU₂FĒN

B.   LIǍNGDIǍN   GUÒ   LIǍNG FĒN

              two minutes past two

1. yīdiǎn guò wǔfēn   five minutes past one
2. liǎngdiǎn guò shífēn   ten minutes past two
3. wǔdiǎn guò shíèrfēn   twelve minutes past five
4. xiànzài sāndiǎn guò jǐfēn?   How many minutes past three, now?

          NU₁DIǍN   CHÀ   NU₂FĒN/KÈ
          CHÀ   NU₁FĒN/KÈ NU₂DIǍN
          LIǍNGDIǍN CHÀ   ÈRFĒN

C.   CHÀ   ÈRFĒN   LIǍNGDIǍN

              two minutes to two

1. shídiǎn chà yīkè   a quarter to ten
2. chà shífēn bādiǎn   ten to eight

3. shíyīdiǎn chà wǔfēn   five minutes to eleven
4. chà jiǔfēn wǔdiǎn   nine minutes to five

D. Punctual clock time in sentences

1. Alone in verbless comments

(XIÀNZÀI)   JĬDIǍN (ZHŌNG) / SHÉMMA SHÍHOU (LE)?
NǏDE BIǍO   JĬDIǍN   LE?
What time is it by your watch?

1. xiànzai liǎngdiǎn zhěng.   It's exactly two now.
2. yǐjing shídiǎnduō le.   It's already after ten.
3. kuài shí'èrdiǎn le.   It will be twelve soon.
4. xiànzài, gāng liùdiǎn.   It's six, just this minute.

2. In time when sentences

N   (TW)   NU₁DIǍN   NU₂FĒN   V   O
TA   PÍNGCHÁNG   QĪDIǍNBÀN   DÀO XUÉXIÀO LAI.
She usually comes to school at seven-thirty.

1. nèibān fēijī jīntian zǎo-   That plane will leave this
   shang zhěng jiǔdiǎn kāi.   morning exactly at nine.
2. ta míngtian wǎnshang jǐdiǎn   What time will he return
   huí lai?   tomorrow night?
3. xīngqīliù ta chàbuduō   He doesn't get up almost twelve
   shí'èrdiǎn cái qǐlai ne.   on Saturdays.
4. ni zuótian shì bādiǎn sānkè   Did you go to work at a quarter
   shàng de bān ma?   to nine yesterday?
5. women shì shídiǎnduō zhōng   We got out of class after ten.
   xià de kè.
6. wo érzi shì xiàwǔ sì-wǔdiǎn   My son left by train about four
   zhōng zuò huǒchē zǒu de.   or five o'clock in the afternoon.

Lesson 18

7. xiànzài cái sāndiǎnbàn.   It's only three-thirty now. We
women kàn sìdiǎnzhōng de   can still make it to the four
diànyǐngr hái láidejí ne.   o'clock movie.

II. Durative clock time expressions

          NUGE   ZHŌNGTÓU
A. LIĂNGGE BÀN ZHŌNGTÓU

two and a half hours

1. bágeduō zhōngtóu   over eight hours
2. shíjǐge zhōngtóu   over ten hours (between ten and twenty hours)
3. chàbuduō shí'èrge zhōngtóu   almost twelve hours
4. èrshisìge zhōngtóu   twenty-four hours

          NUFĒN/KÈ   ZHŌNG
B. LIĂNG-SĀN FĒN ZHŌNG

two or three minutes

1. sìshijǐfēn zhōng   over forty minutes
2. guòle èrshifēn zhōng le.   It's past twenty minutes.
3. zài guò èrshifēn zhōng   in another twenty minutes
4. yòu guòle èrshifēn zhōng   after another twenty minutes (past)

    NU₁GE   ZHŌNGTÓU,   LÍNG   NU₂FĒN/KÈ (ZHŌNG)
C. SĀNGE ZHŌNGTÓU LÍNG WǓFĒN

three hours and five minutes

1. liǎngge zhōngtóu líng shífēn   two hours and ten minutes
2. wǔge zhōngtóu líng wǔshifēn   five hours and fifty minutes
3. sìge zhōngtóu líng shíwǔfēn zhōng.   four hours and fifteen minutes

D. Durative clock time in sentences: the time spent patterns

N	TW	V(LE)	NU₁GE	ZHŌNGTÓU	NU₂FĒN	(DE) O (LE)
TĀ	MĚITIĀN DŌU	SHUÌ	BĀGE	ZHŌNGTÓU		DE JIÀO.

He has eight hours of sleep every day.

1. jīntian xiàwu wo děi shàng sìge zhōngtóu de kè.
   I have to attend classes for four hours this afternoon.

2. zuótian ta huále yígeduō zhōngtóu de xuě; jiù huí lai le.
   He skied for over one hour yesterday; then he came back.

3. wo yǐjīng děngle ta sānkè zhōng le. ta zěmma hái méi qǐlai ne.
   I've been waiting for him for three quarters of an hour. How come he hasn't gotten up yet?

4. zuótian wǎnshang Lǎo Wáng kàn le liǎnggeduō zhōngtóu de diànshì.
   Old Wang watched television for more than two hours last night.

5. gāngcái wo gēn Lǐ Tàitai tánle jǐfēnzhōng.
   I chatted with Mrs. Lee for a few minutes a little while ago.

6. wo jiào ta de shíhou, ta yǐjīng xǐngle yíkèzhōng le.
   He had already been awake for fifteen minutes when I went to wake him.

7. shànglǐbài wo bāng ta bānle liǎng-sānge zhōngtóu de dōngxi.
   I helped him to move things around for two or three hours last week.

III. The negative time within which pattern

(TW)	N	NUM	NEG. (AV)V	O	(LE)
JĪNTIAN	WO	YÌTIĀN	MÉI CHĪ	DŌNGXI.	

I didn't eat for a whole day today.

1. nèige xuésheng sāntian méilái shàng kè le.
   That student hasn't come to class for three days so far.

2. nèige xuésheng shàngge
   That student didn't come to

Lesson 18

      xīngqī sāntiān méilái shàng kè.   class for three days last week.

3. wǒ wǔ-liùge zhōngtóu méihē shuǐ le.   I haven't had any water for five or six hours.

4. tāmen juédìng yào yíge lǐbài bùchī ròu.   They have decided not to eat meat for a week.

5. nèixiē gōngrén yào yíge yuè búzuò shì.   Those workmen want to stop working for a month.

6. tā tàitai yíge yuè bùnéng kāi chē.   His wife won't be able to drive for a month.

IV. Time when expressions with *cái* and *jiù*

A. Later than expected *cái*

1. Future tense

N	TW	CÁI	V	O	(NE)
WO	SÌDIǍN	CÁI	QÙ	LIŪ BĪNG	NE.

I won't be going skating until four o'clock.

1. tā míngnián cái niàn Zhōngguó dìlǐ ne.   He is not going to study Chinese geography until next year.

2. jīnnián èryuè shísān hào cái shì jiùlì Xīnnián ne.   Chinese New Year won't be here until February 13th this year.

3. wǒ qiūtiān cái gēn yínháng jiè qián ne.   I won't borrow money from the bank until the fall.

2. Past tense

N	(SHÌ)	TW	CÁI	V	O	(DE)
TĀ		SHÍÈRDIǍNBÀN	CÁI	SHUÌ	JIÀO	DE.

He didn't go to bed until twelve-thirty.

1. jīntiān zǎoshang wǒ shì jiǔdiǎn yíkè cái qǐlai de.   I didn't get up until a quarter past nine this morning.

2. qùnian women sānyuè shíhào
   cái fàng jià.

   We didn't go on vacation until March 10th last year.

3. ta chà shífēn shíyīdiǎn
   cái jiàoxǐng wo de.

   He didn't wake me up until ten minutes to eleven.

4. ta shì xiàwǔ liǎng-
   diǎn cái xià kè de.

   He didn't get out of class until two o'clock.

B. Sooner than expected *jiù*

1. Future tense

N	TW	JIÙ	V	(O)	(LE)
WO	JĪNNIAN XIÀTIAN	JIÙ	QU.		

I'll go as early as this summer.

1. wo xiǎng wǒmen wǔdiǎn yǐqián
   jiù kéyi huí lai.

   I think we can return (here) as early as before five.

2. jīntian wǎnshang ta shídiǎn
   jiù yào qu shuì jiào le.

   He is going to bed as early as ten o'clock tonight.

3. kǒngpà tamen sāndiǎnduō
   zhōng jiù yào zǒu.

   I'm afraid they will leave as early as a little past three.

2. Past tense

N	TW	JIÙ	V	O	LE
TA	QÙNIAN DŌNGTIAN	JIÙ	DÀO	ZHÈR LAI	LE.

She came here as early as last winter.

1. jīntian wo qǐ de tèbié zǎo.
   chàbuduō wǔdiǎn jiù qǐlai le.

   I got up especially early today. It was around five.

2. ta shàngxīngqi jiù bǎ wode
   nàozhōng jièzou le.

   He borrowed my alarm clock as early as last week.

3. women xiǎo de shíhou jiù
   rènshi le. kěshi guòle
   shíjǐnián wo cái yòu kàn-
   jian ta de.

   We knew each other as early as when we were little. But I didn't see him again until after more than ten years.

LESSON 19

I. Vivid reduplicatives in sentences

A. As a noun modifier

                                                               SV SV DE (N)

KĀFĒI, QĬNG NĬ GĚI WO YÌBĒI　　RERERDE.

    Please give me a cup of coffee that's nice and hot.

1. zhèige lālārde cài, chīzhe　　　　This nice and hot dish is
   zhēn hǎochī.　　　　　　　　　　　really tasty (when you eat it).
2. qìchē, women xiǎng mǎi yīge　　　We intend to buy a nice, big
   dàdārde.　　　　　　　　　　　　car.

B. As a manner comment

  N　　　　　　V　　　DE　　SV SV　　　　　DE
  　　　　　　　　　　　　　　AA　BB　　　　　DE

TĀ ZŎNGSHI　JIĂNG　DE　JIĂNJIĂNDĀNDĀN　DE.

    His explanations are always nice and simple.

1. tamen yǒu qián, suǒyi tamen　　　They have money, therefore,
   lǎoshi chī de hǎohārde gēn　　　　they can always afford to eat
   chuān de hǎohārde.　　　　　　　and dress well.
2. wo kàn háishi mǎi yīge dà　　　　In my opinion, it is still
   qìchē, kéyi zuò de shūshū-　　　　better to buy a big car
   fufūde.　　　　　　　　　　　　（because you) can sit in it comfortably.

C. As adverbs

       N　　　　　　　　　SV SV　(DE)　V　　(O)
  　　　　　　　　　　　　　　AABB　DE　　V　　(O)

JĪNTIAN WĂNSHANG　NĬ YĪNGDĀNG　ZǍOZĂORDE SHUÌ JIÀO.

    You ought to go to bed nice and early tonight.

1. women gāogāoxìngxingde hēle　　In high spirits, we had some
   yìdiǎr jiǔ.　　　　　　　　　　　wine.

123

2. wo xīwàng ni hǎohāorde niàn shū, búyào lǎo qù wár.

I hope that you will study well and not go out and have fun all the time.

3. ni wèishémma bùshūshūfufūde chī le fàn, zài zǒu ne?

Why don't you leave after you've had a leisurely meal?

4. ūngshuō jīntian xiàwu yào xià dà xuě, qǐng ni zǎozāorde huí lai.

I heard that there's going to be some heavy snow this afternoon. Please come back nice and early.

II. Similarity and comparison

A. Similarity

    A   GĒN   B   (BÙ)   YĪYÀNG   SV

1. MĚIGUO CHĒ GĒN RÌBĚN CHĒ YÍYÀNG GUÌ.

American cars are as expensive as Japanese cars.

1. ni shuō de gēn ta shuō de yíyàng yǒu dàolǐ.

What you have said is as reasonable as what he has said.

2. jīntian de wēndù gēn zuótian de yíyàng gāo ma?

Is the temperature today as high as (it was) yesterday?

3. shǔjià dāngrán gēn hánjià bùyíyàng cháng.

Of course, summer vacation is not the same length as winter vacation.

4. rénkǒu de wèntí gēn jiāotōng de wèntí yíyàng yàojǐn.

The population problem is as important as the communication problem.

5. nǐde bìng biànchéng gēn tāde yíyàng lìhai le.

Your sickness has gotten to be as serious as his.

    A   GĒN   B   CHÀBUDUŌ   (YÍYÀNG)
                               CHÀBUDUŌ   YÍYÀNG   SV

2. ZHÈRDE QÍNGXING GĒN NÈRDE CHÀBUDUŌ.

The situation here is about the same as there.

Lesson 19

1. nèiliǎngge dìfang de tiānqi chàbuduō.
   The weather is about the same in those two places.
2. ta gēn ta fùqin chàbuduō yíyàng gāo.
   He is about as tall as his father.
3. Lúndūn de yǔliàng gēn Shànghǎi de chàbuduō yíyàng gāo ma?
   Is the rainfall in London about as heavy as Shanghai?
4. zhèiliǎnge lǜyánsè chàbuduō, kěshi zhèige hǎokàn yìdiǎr.
   These two shades of green are about the same, but this one is a little better looking.
5. wo gēn wo péngyou de xìngqu chàbuduō; women dōu ài kàn shū.
   My friend and I have similar interests; we both like to read.

B. Comparison with *bǐ*

A	BǏ	B	SV
1. ZHÈIGE ZHŌNG	BǏ	WǑ JIĀLIDE	ZHǓN.

This clock is more accurate than the one at home.

1. ta shuō de xiàohua bǐ wo shuō de yǒu yìsi.
   His jokes are more interesting than mine.
2. wo juéde ta bǐ shéi dōu yǒu xuéwèn.
   I feel that he is more learned than anyone.
3. ni xiǎng xiàtiande huār bǐ chūntiande hǎokàn ma?
   Do you think the flowers in the summer are more beautiful than those in the spring?
4. nèige wèntí bǐ zhèige nán jiějué.
   That problem is more difficult to solve than this one.
5. shéi dōu bǐ wo xué Yīngwén xué de hǎo.
   Everyone learns English better than I do.
6. tamen xiànzàide shēnghuo bǐ yǐqiánde hǎo.
   Their life now is better than before.

```
              A                   BǏ   B           GÈNG/HÁI    SV/V  O
   2.   WÁNG XIĀNSHENG   BǏ   TA TÀITAI      HÁI       PÀ   RÈ.
```
Mr. Wang is even more effected by heat than his wife.

1. ta fā shāo, fā de bǐ ni hái gāo.
   His fever is even higher than yours.
2. wo tīngshuō zhèige yīshēng bǐ nèige gèng guì.
   I heard that this doctor is even more expensive than that one.
3. wúlùn guā fēng bùguā, zhèr yèli zǒngshi bǐ báitian gèng lěng.
   It doesn't matter whether it's windy or not here. It's always even colder at night than in the daytime.
4. zuótian wǎnshang wo késoude bǐ jīntian gèng lìhai.
   My cough last night was even worse than today.

```
              A          BI   B    SV      YÌDIǍR
                                           DEDUŌ
                                           DUŌ LE
                                           NU M
   3.    TA KǍO DE     BǏ   WO  HǍO  DUŌ LE.
```
She did much better on the exam than I did.

1. Zhào Xiānsheng de mǔqin bǐ ta fùqin dà liǎngsuì.
   Mr. Chao's mother is two years older than his father.
2. zhèmma zǒu yéxǔ bǐ nèmma zǒu jìn yìdiǎr.
   Perhaps it is a little closer to go this way than to go that way.
3. jīntian Huáshèngdùn de wēndù bǐ zhèr(de) yào gāo shídù.
   The temperature in Washington today is going to be ten degrees higher than (the temperature) here.
4. xuéxiào de zhōng bǐ wǒde biǎo kuài yíkèzhōng.
   The clock at school is fifteen minutes faster than my watch.

Lesson 19

5. Yǎzhōu de rénkǒu dāngrán bǐ
   Ōuzhōu de duōduō le.

   The population of Asia is, of
   course, a lot more than that of Europe.

A	(MÉI)YǑU	B	(NÈMMA/ZHÈMMA)	SV
4. LÓUXIÀ	**MÉIYOU**	**LÓUSHÀNG**	**NÈMMA**	**RÈ.**

Downstairs is not as hot as upstairs.

1. zhèrde fēng méiyou hǎibiārde
   nèmma dà.

   The wind here is not as
   strong as the wind at the seashore.

2. ni fùqin biànde méiyou ni
   mǔqin biànde nèmma duō.

   Your father hasn't changed as
   much as your mother (has).

3. nèige dìfang de shēnghuo
   méiyou Měiguo de zhèmma shūfu.

   The life of that place is not
   as comfortable as life in the United States.

4. lánqiú méiyou zúqiú kāishǐ de
   nèmma zǎo.

   Basketball doesn't start as
   early as football.

5. zhèige yīshēng yǒu nèige nèmma
   hǎo ma?-- jiùshi yǒu, wǒ yě
   búyào qu kàn ta.

   Is this doctor as good as
   that one?-- Even though he
   he, I still don't want to go see him.

6. jīntian méiyou zuótian nèmma
   lěng. wúxiàndiànshang shuō shi
   sānshidù-zuǒyòu.

   The temperature is not as
   cold today as it was yesterday.
   The radio says it's around 30
   degrees.

LESSON 20

Potential and non-potential verbal suffixes

I. With *lai* and *qù* alone

A. Potential

N	V DE/BU	LAI/QU (MA?)
N	V DE LAI/QU,	V BU LAI/QU?
WOMEN	**JÌNDEQÙ,**	**JÌNBUQÙ?**

Can we get in?

1. ta jīntian wǎnshang huídelái ma? -- kǒngpà huíbulái.

   Can he get back tonight? -- I'm afraid not.

2. wǔdiǎn yǐqián ni qǐdelái qǐbulái? -- dāngrán qǐbulái; ni zìjǐ yě qǐbulái ma!

   Can you get up before five o'clock? -- Of course not; you yourself can't do it either!

3. nèige xiǎo gǒur shàngdequ nèikē shù ma? shù tài gāo. wo xiǎng ta zhǔn shàngbuqù.

   Can that little dog get up that tree? The tree is too tall. I think he definitely can't.

4. zhèige lǐbàiliù ni chūdelái ma? jiāli de shìqing tài duō, yàoburán wo yěxǔ chūdelái.

   Can you get out (of the house) this Saturday? I'm too busy, otherwise, perhaps I can go out.

B. Non-potential

N	(A)	V LAI/QU	LE	(MA/MÉIYOU?)
N		MÉI V LAI/QU		(MA)?
DÀJIĀ	**DŌU**	**XIÀLAI**	**LE**	**MA?**

Has everybody come down?

1. tamen bǎ guōtier gēn jiǎozi dōu dài lai le.

   They brought the meat dumplings with them.

2. ni tóngwū dōu bān lai le méiyou? hái chà yíge méibān lai. — Have yor roommates all moved in (here)? There is still one who hasn't moved in.

3. ni mǔqin huí qu le ma? qiántian jiù huí qu le. — Has your mother gone back? She went back as early as the day before yesterday.

4. yàofáng bǎ yào sòng lai le méiyou? méisòng lai. tamen shuō tamende pánníxīlín dōu màiwán le. — Has the drug store delivered the medicine? No, they haven't. They said that they have sold all of their penicillin.

II. With verbal suffixes

A. Potential

| N | V DE/BU VS LAI/QU | (MA)? |
| N | V DE VS LAI/QU | V BU VS LAI/QU? |

ZHUŌZI TÀI DÀ. BĀNBUSHANG QÙ.

The table is too big. (I) can't move it up (there).

1. jiēshang dōu shì shuǐ. ni xiǎng women zǒudeguo qù ma? — There is a lot of water on the street. Do you think we can cross over (there)?

2. ni suàndechū lái sān-fēn-zhī-yī jiā sì-fēn-zhī-sān shì duōshǎo ma? — Can you figure out (by calculating) how much is one third plus three fourths?

3. wo kàndechū lái jīntian Lǎo Wáng yǒu yìdiǎr shēngqì. — I can tell (by looking) that Old Wang is a little angry today.

4. wo xiǎngbuqǐ lai nèige rén xìng shémma le. — I can't recall the surname of that person anymore.

5. ni xiǎngdechū lái yíge hǎo fázi ma? kéyi xiǎngde chū lái, kěshi yěxǔ búgòu hǎo. — Can you think of a good method? I can do it, but perhaps it is not good enough.

B. Non-potential

N	V VS LAI/QU	LE (MA/MÉIYOU?)
N	MÉI V VS	LAI/QU (MA?)

TĀ BǍ TĀ FÙQIN DE CHĒ   KĀI CHŪ QU   LE.

He drove his father's car out.

1. háizimen dōu pǎojin cèsuǒli qu le.
   The children all ran into the restroom.
2. zhèmma bùhǎotīng de huà ni zěmma yě shuōchū lai le?
   How could you have said such offensive words?
3. tāmen dōu xiào wo ne, yīnwèi wo méichīchu lai zhèige shì sùcài bùshi jī.
   They were all laughing at me because I couldn't tell (by tasting) that this was a vegetable dish not a chicken dish.
4. wo xiǎngqi lai le. nèipiān wénzhāng shi shànglibàiwǔ jiāogěi Sītú Jiàoshòu de.
   I remember (now). It was last Friday that I handed that paper to Professor Seeto.

III. With other directional suffixes

A. Potential

(O), N	V DE/BU SHÀNG/XIÀ/DÀO (NUM)	(MA?)
(O), N	V DE SHÀNG/XIÀ/DÀO	V BU SHÀNG/XIÀ/DÀO (NUM)?

ZHÈIJIĀN WŪZI   ZUÒBUXIÀ   LIǍNGBǍIGE RÉN.

This room cannot seat two hundred people.

1. zhèige yīyuàn yǒu yìbǎiduō nián le. chuānghu dōu guānbushàng le.
   This hospital is over one hundred years old. The windows can't be closed anymore.
2. xiànzài gǎnbushàng jiǔdiǎn bàn de huǒchē le.
   Now (we) can't catch the 9:30 train anymore.
3. jīntian women jiǎngdedào dìsānshiyè ma?
   Can we reach page 30 (by lecturing) today?

4. tiānqì bùhǎo; wo xiǎng women jīntian wǎnshang kāibudào Niǔyuē.

   The weather is bad; I don't think we can reach New York (by driving) tonight.

5. wo zhēn xiǎngbudào ta zuò de chǎojīdàn yǒu zhèmma hǎochī.

   I'm suprised that her (dish of) scrambled eggs is so tasty.

6. jīntian ni xiědedào xiěbudào dìshíyè?

   Can you write up to page ten today?

7. ta mǎide dōngxi, ni sòngdedào sòngbudào ta jiā qu?

   Can you deliver the things he bought to his house?

B. Non-potential

N (BǍ O)	V DÀO PW LAI/QU	LE (MA/MÉIYOU?)
N (BǍ O)	V ZǑU	LE (MA/MÉIYOU?)
N (BǍ O)	V SHANG	LE (MA/MÉIYOU?)

JĪNTIAN ZǍOSHANG TAMEN BǍ NÈIXIĒ DŌNGXI BĀNZǑU LE.
They moved those things away this morning.

1. wo bǎ chēmén dōu suǒshangle.

   I've locked all of the car doors.

2. mài jīdànde bǎ jīdàn dōu sòngdào Lǐjia qu le.

   The egg man has delivered all of the eggs to the Lee's.

3. zuótian women kāile yíyè yě méikāidào.

   We drove all night yesterday (but) we still couldn't reach the place.

4. Zhào Tàitai zěmma yòu bǎ wode guō názǒu le?

   How come Mrs. Chao took away my pot again?

5. women bǎ péngyou sòngzǒu le yǐhòu, jiù qù shuì jiào le.

   We went to bed after we saw our friends off.

6. ni bǎ yàofáng de mén suǒshang le méiyou?

   Did you lock the pharmacy door?

IV. With non-directional suffixes

A. Suffixes derived from functive verbs (*dǒng, jiàn, wán, zháo, kāi, xǐng,* and *chéng*)

1. Potential

(O)		N	V DE/BU VS	(MA?)
(O)		N	V DE VS V BU	VS?
PÁIZISHANG DE ZHŌNGGUO ZÌ		NI	KÀNDEDǑNG	MA?

Can you recognize (understand) the Chinese words on the sign?

1. zhèige gùshi de dàoli ni tīngdedǒng tīngbudǒng?
   Do you understand (by listening) the moral of the story?

2. lǎoshī wèn xuésheng: "hēibǎnshang de zì, nimen dōu kàndejiàn ma?" xuéshēngmen shuō: "nín xiě de tài xiǎo le. hòutou de rén kànbujiàn.
   The teacher asked the students: "Can you see the words on the board?" The students said: "Your writing is too small. The people in the back can't see."

3. ni nèige gùshi bǐ shéide dōu cháng. zhèiyítáng yídìng shuōbuwán.
   Your story is longer than anybody's. You definitely cannot finish telling it this period.

4. wǎnshang shí'èrdiǎn yǐqián wo lǎoshi shuìbuzháo jiào.
   I could never fall asleep before twelve at night.

5. Rìběn yīshang zài Měiguo mǎidezháo mǎibuzháo?
   Can you (sucessfully) buy Japanese clothes in America?

6. ni yòngbuzháo mǎi; wo yǒu yíge pánzi; wo jiègei ni ba.
   You don't need to buy one; I have a platter; I'll lend it to you.

7. bùzhīdào wèishemma nèijiān wūzi de chuānghu zǒngshi kāibukāi.
   I don't know why (I) can never open the window(s) in the other room.

8. zuótian ta dào Niǔyuē qu wár le yìtiān. jīntian zǎoshang shéi yě jiàobuxǐng ta.
   He went to New York (for fun) for a whole day yesterday. No one could wake him this morning.

9. ni kàn nèige huìyi jīnnian
   kāidechéng kāibuchéng? yàoshi
   dàjiā dōu yuànyi, na dāngrán
   kāidechéng le.

   Do you think that they will
   be able to hold that meeting
   this year? It will no doubt
   be held if everyone (involved) is willing.

2. Non-potential

O	N		V VS	LE	(MA/MÉIYOU?)
N	(BA O)		V VS	LE	(MA/MÉIYOU?)
N			V VS O	LE	(MA/MÉIYOU?)
N		MÉI V VS	O (MA?)		

ZHÈIJÙ HUÀ DE YÌSI   NI   KÀNDǑNG LE   MÉIYOU?

Have you understood (by reading) the meaning of this sentence?

1. dào Bōshìdùn qu de shíhou,
   women bǎ qìyóu dōu yòngwán
   le.

   We used up all of the
   gasoline when we went to
   Boston.

2. ta shuō huà, shuō de bùqīng-
   chu. wo méitīngdǒng ta shuō
   de shì shémma.

   He didn't speak clearly.
   I couldn't understand what he
   was saying.

3. māma hěn shēngqì de shuō: "wo
   gēn ni shuō huà ne, ni tīng-
   jian le méiyou?" háizi shuō
   "tīngjian le, wo dōu tīngjian
   le."

   Mom angrily said, "I'm
   talking to you. Have you
   heard (what I said)?"
   The child said, "Yes, I
   heard all of it."

4. rìzi guòde zhēn kuài. xiǎo-
   háizi dōu biànchéng dàren le.

   Time flies. Children have all
   become (olderpeople:) adults.

5. ni shuō de nèige qìyóuzhàn,
   women zhǎole bàntian ye méi-
   zhǎozháo.

   We looked for the gas station
   you mentioned for a long time
   but we couldn't find it.

6. wo yǐjing bǎ ta jiàoxǐng le.
   ta xǐngle yìhuěr hòulai yòu
   shuìzháo le.

   I have awakened him already.
   He was awake for a while
   (but) he went back to sleep again.

7. cèsuǒde mén běnlai kāibukāi, The restroom's door could not
     kěshi Zhāng Tàitai bāng wo   be opened at first, but Mrs. Chang
     kāikai le.   helped me to open it.

B. Suffixes derived from stative verbs (*hǎo*, *qīngchu*, *bǎo* and *gānjing*)

1. Potential

(O),   N   V DE/BU VS   (O)(MA?)
(O),   N   V DE VS   V BU VS (O)?
ZHÈIXIĒ JIǍOZI   CHĪ WǍNFÀN YǏQIAN, ZUÒDEHǍO MA?
Can (we) finish making these meat dumplings before supper?

1. zhèmma duō cài hái chībubǎo   How can (you) not have enough
     ma?   to eat with so many dishes?
2. yīsheng shuō ta nèige bìng   The doctor said that her
     zhìbuhǎo le. méiyou xīwàng   illness (can't be cured:) is
     le.   terminal. It's hopeless.
3. wo jìbuqīngchu tade shēngri   I can't recall clearly
     shi èryuè shísānhào háishi   whether his birthday is on
     shísìhào.   February thirteenth or fourteenth.
4. zhèijiàn yīfu zāngjíle.   This garment is filthy. I
     xǐbugānjing le. wo kàn ni   don't think you can get it
     háishi sòngchu qu xǐ ba.   clean (by washing). I think you'd better
                                                          send it out to be cleaned.

2. Non-potential

```
         O    N        V VS              LE.    (MA/MÉIYOU?)
              N   BǍ   O V VS            LE.    (MA/MÉIYOU?)
JĪ GĒN SÙCÀI      WǑ   DŌU CHǍOHǍO       LE.
```
The chicken and the vegetable dishes are ready to eat.

1. wǒ méitīngqīngchu tāde míngzi shì shémma. — I couldn't hear clearly what his name was.

2. Huáng Tàitai zuòle nèmma duō de jiǎozi jiéguǒ dàjiā dōu chībǎo le. — Mrs. Huang made such a lot of meat dumplings; As a result, everyone was full.

3. yīshēng gěi nǐ jiǎncháhǎo le méiyou? jiǎncháhǎo le. tā shuō wǒ méiyou shémma yàojǐn de bìng. — Has the doctor finished examining you? Yes, he has. He says that I don't have any serious illnesses.

4. tāmen méibǎ wǒde chē xǐgānjing. xiàcì wǒ búshàng tāmennèr qu xǐ chē qu le. — They didn't wash my car clean. Next time I won't go to their place to wash my car.

5. bàndá guōtiēr, yídábàn jiǎozi, yìpár chǎo jīdàn gēn sānpíng píjiǔ, yígòng duōshao qián, suànqīngchu le méiyou? — Half a dozen pot-sticks, one and one half dozen meat dumplings, one plate of stir-fried eggs and three bottles of beer, have you calculated clearly how much it is altogether?

C. Potential suffixes without corresponding non-potential forms (*dǒng, liǎo, qǐ,* and *jí*)

```
O           N      V DE/BU VS                (MA?)
O           N      V DE VS       V BU VS?
```
ZHÈIGE HĒIBĂN   WǑ   BĀNBUDÒNG;   NǏ BĀNDEDÒNG MA?
  I can't move this blackboard; Can you do it?

1. zhèijitiān wode shēntǐ bùhǎo
     wo zuòbuliǎo zhèijiàn shì.
   My health has been poor these days (so) I won't be able to attend to this matter.

2. zhèmma duō de dōngxi, nèige xiǎo háizi zìjǐ yíge rén zěmma nádeliǎo?
   How can that child carry so many things all by himself?

3. bǎ qián fàngzai zhèr, ni xiǎng diūdeliǎo, diūbuliǎo?
   If I put the money here, do you think it will get lost/get stolen?

4. mǎibuqǐ xīn shū de shíhou, women kéyi mǎi jiù shū.
   When we can't afford to buy new books, we can buy used books.

5. ta xǐhuan zhù dà fángzi, kāi hěn guì de qìchē, yīnwèi ta zǒng pà biérén kànbuqǐ ta.
   He likes to live in (big:) fancy houses and drive expensive cars because he is always afraid that others will look down on him.

6. wo xiànzài děi qu shàng bān le. láibují chī zǎofàn le.
   I have to go to work now. No time to eat breakfast anymore.

7. zuò shídiǎn de fēijī láideji láibují? méiguānxi, gǎnbushàng zhèibān, shíyīdiǎn hái yǒu yìbān.
   Can we make it to the ten o'clock plane? It doesn't matter if we missed this one. There's another one at 11:00.

Lesson 20

D. *néng* and *kéyi* reinforcing the positive potential suffix.

```
O,                    N    NÉNG/KÉYI   V DE VS    (MA?)
NÈIGE CHUĀNGHU,       NI   NÉNG        KĀIDEKĀI   MA?
```
Can you open that window?

1. tamen yǒu qián. tamen kéyi mǎideqǐ Déguo chē. — They are wealthy. They can afford to buy German cars.
2. ni mǎi nèmma duō de kǒuxiāngtáng. ni néng chīdeliǎo ma? — You're buying so much chewing gum. Can you eat (all of) it?
3. ta shuō de Fǎwén, ni dōu néng tīngdedǒng ma? — Can you understand all of his French?
4. zhèige shān bù gāo. women kéyi kāideshangqù. — This hill is not too high. We can drive up (there).
5. nide sùshè nèmma rènào. ni wǎnshang kéyi shuìdezháo ma? — Your dorm is so lively. Can you fall asleep at night?

E. *Bǎ* construction used with non-potential forms only.

```
N   BǍ      O           V VS        LE (MA/MÉIYOU?)
N   MÉI BǍ              O V VS
WO  BǍ      WÉNZHĀNG    JIĀOJÌNQU   LE.
```
I have handed in my paper.

1. yīshēng bǎ tade shǒuzhítou zhìhǎo le. — The doctor has cured his finger.
2. tamen bǎ nèiwǎn jī dōu chīwán le. — They finished the whole bowl of chicken.
3. ta késou de hěn lìhai. ta bǎ wode késou yào názǒu le. — He has a terrible cough. He took away my cough medicine.
4. tamen méibǎ liángshi yùndao nèige guójiā qu yīnwei nèige guójiá jiù yào bīngqì. — They did not ship the food to that nation because that nation only wants weapons.

II. THE USAGE OF *hái*

hái

N	HÁI	AV	V	NU M
WO	**HÁI**	**YAO**	**SHUŌ**	**JǏJÙ.**

I want to say a few more words.

1. wo hái děi qù yícì. I have to go one more time.
2. ta hái děi kàn yìdiǎr cái néng shuì jiào ne. He has to read a little more before he goes to bed.
3. zhèige gōnggòngqìchē hái zuòdexià liǎngge rén. This bus can seat two more (passengers).
4. ni hái děi mǎi yìpíng, jiù gòu le. You have to buy one more bottle. Then it'll be enough.

LESSON 21

I. V-VS compounds in sentences

    O   N   V LE (BÀNTIĀN/NU M)   KĚSHI/YĚ   MÉI   V VS

A. NÈISHǑU TÁNGSHĪ WǑ KÀN LE BÀNTIĀN YĚ MÉI KÀNDǑNG.
    I studied that Tang poem for a long time but I didn't understand it.

1. tade jìhuà ta shuōle bàntiān   He talked about his plan for
    yě méishuōqīngchu.   a long time but didn't explain it clearly.
2. zhèijiàn shēn hóngde yīfu, wǒ   I worked on the deep red
    zuòle sānge lǐbài, kěshi hái   (colored) dress for three
    méizuòwán ne.   weeks but I've still not finished it.
3. nèizhāng zhīpiào wǒ zhǎole   I looked for that check for
    yìzǎoshang, kěshi méizhǎozháo.   the entire morning but I didn't find it.
4. nèige xuésheng de míngzi wǒ   I've been trying for a long
    xiǎngle bàntiān ye méixiǎngqi lai.   time to think of that student's name, but I
                                         haven't recalled it.
5. zhèige cài, wǒ chīle bàntiān   I've been eating this dish
    kěshi méichīchū lai shi   for a long time but I haven't
    shémma cài.   been able to tell what kind of a dish it is.

    O,   V LE (BÀNTIĀN/NU M)   KĚSHI/YĚ V BU VS

B. CHĒ DE YÀOSHI WǑ ZHǍOLE LIǍNGGEDUŌ ZHŌNGTÓU YĚ ZHǍOBUZHÁO.
    I looked for the car keys for over two hours but I couldn't find them.

1. tade bàogào, wǒ tīngle bàntiān   I listened to his report for
    kěshi tīngbudǒng.   a long time but I couldn't understand it.
2. zhèixiē shēngzì wǒ niànle hǎo-   I studied these new words
    jǐbiàn yě jìbuzhù.   several times but I can't remember them.
3. nèige chuānghu wǒ guānle   I've been trying to close that window
    bàntiān kěshi guānbushàng.   for a long time but I can't close it.

4. ta nèige bìng zhìle jǐ nián
   yě zhìbuhǎo.

(They) have tried to cure his illness for many years but (they) can't do it.

5. nèige háizi shēng de shíhou
   women xiǎngle bàntiān yě
   xiǎngbuchūlái yíge hǎo míngzi.

We tried for a long time but we could not think of a good name for the child when he was born.

          O,   N   ZĚMMA   V   YĚ   V BU VS

C. CHǍOJĪDÀN WO ZĚMMA ZUÒ YĚ ZUÒBUHǍO.

No matter how I try, I can't cook scrambled eggs well.

1. xià dà xuě de shíhou, wode
   qìche zěmma kāi yě kāibudòng.

No matter how hard I try, I can't start my car during a heavy storm.

2. wo zěmma xiǎng yě xiǎngbuchū
   lái yíge hǎo bànfa.

No matter how hard I tried, I couldn't think of a good method.

3. chúfáng de nèixiē chuānghu,
   wo zěmma xǐ yě xǐbugānjing.

No matter how I wash the windows in the kitchen, I can't get them clean.

4. zuótian wo kāfēi hē de tài duō
   le. wǎnshang wo zěmma shuì yě
   shuìbuzháo.

Yesterday I had too much coffee. No matter how hard I tried, I couldn't fall asleep at night.

II. More on reduplication

      V V   O

A. WO TÌ NǏ XIǍNGXIǍNG BÀNFǍ.

I'll think of a way for you.

1. ta jiù xǐhuan zài jiāli xiūxi
   xiūxi.

She just likes to stay at home and rest a little.

2. wo yào shàng lóu qu xǐxǐ zǎo.

I want to go upstairs to take a (little) bath.

3. ta jīnnian xiǎng dào Guǎng-
   dong qu kànkan péngyou.

He intends to go to Kwangtung province to visit some friends this year.

4. chīwánle wǎnfàn ta cháng chū
   qu pǎopǎo bù.

He often goes out to jog a little after supper

5. yǒu shíhou wo xiěxiě zì yǒu
   shíhou wo huàhuà huàr.

   Sometimes I do a little calligraphy
   and sometimes I paint a little.

                                             NU M (NU) M DE   V   (LE)

B. NÈIKÈ XIǍO SHÙ YÌTIĀNYÌTIĀNDE ZHǍNGDÀ LE.
That little tree grew taller day by day.

1. qiūtiān dàole. tiānqi yìtiān-
   tiānde liángle.

   Autumn is here. The weather
   is getting cooler every day.

2. nimen xiě Zhōngguo zì de
   nénglì yìtiāntiānde zēngjiā le.

   Your ability to write Chinese
   has increased every day.

3. ta bǎ dōngxi yíjiànyíjiànde
   bānshàng qu le.

   One by one, she moved the
   things upstairs.

4. fēng bǎ wǒde wénzhāng yìpiān-
   yìpiānde guāzǒu le.

   One by one, the wind blew
   away the pages of my paper.

5. wo yào bǎ wǒmende jìhuà
   yíxiàngyíxiàngde tíchu lai,
   dàjiā tǎolùn tǎolùn.

   One by one, I want to submit
   my plans for everyone to
   discuss.

          N N/M M   DŌU   V   (O)

C. TA TIĀNTIAN WǍNSHANG DŌU KÀN DIÀNSHÌ.
She watches television every night.

1. xuéshengmen shuō, "yàoshi
   xuéfèi niánnian dōu zēngjiā
   de huà, women zěmma bàn a?

   The student's said, "What are
   we going to do if the tuition
   should increase every year?"

2. tamen de háizi tài duō le.
   jiāli yuèyuè dōu quēshǎo
   qián.

   They have too many children.
   They are short of money (in
   their home) every month.

3. bié mǎi zhèixiē píngguo.
   gègè dōu shì huài de.

   Don't buy these apples. Every
   one is rotten.

4. chūntian yǐjing lái le;
   chùchù dōu shì niǎor de

   Spring is already here;
   everywhere there are the sounds

shēngyin.   of birds.

5. zhèisuǒ fángzi de wūzi jiān-　　Every room in this house is
    jiān dōu hěn xiǎo.   very small.

III. paired adverbs

(YĚ)............................, YĚ

A. **WOMEN ZÀNCHÉNG NǏDE YÌJIÀN, YĚ ZÀNCHÉNG TĀDE.**
    We approve of (both) your opinion and (also) his.

1. ta tīngdedǒng Shànghǎi huà, yě　　He understands Shanghai dialect
   huì shuō yìdiǎr Guǎngdōng　　and also can speak a little
   huà.　　Cantonese.

2. nèige xuésheng quēshǎo　　That student lacks (both)
   xuéfèi, yě quēshǎo　　tuition and (also) living
   shēnghuófèi.　　expenses.

3. tāmen (yě) tǎolùnle rénkǒu　　They discussed the population
   de wèntí, yě tǎolùnle jiějué　　problem and (also) the ways to
   de bànfǎ.　　resolve it.

4. zài lǚxíngshè nǐmen (yě)　　You can buy (both) the plane
   kěyi mǎi fēijīpiào, yě kěyi　　ticket and (also) reserve
   dìng lǚguǎn.　　hotels at the travel bureau.

5. lǚxíng fēicháng fèi　　Traveling uses a lot of money.
   qián. fēijīpiào guì, lǚguǎn　　Both airplane tickets and
   yě guì.　　hotels are expensive.

Lesson 21

YÒU ...., YÒU

B. TA BIYÈ YǏHÒU, YÒU DĚI NIÀN SHŪ, YÒU DĚI ZUÒ SHÌ.
   He has to both study and work after graduation.

1. tāde jìhuà, yòu fèi shì yòu   Her plan is both troublesome
   fèi shíhou.   and time consuming.
2. wo juéde Wáng Xiáojie de   I feel that Miss. Wang's voice
   shēngyin, yòu dà, yòu   is both loud and unpleasant.
   bùhǎotīng.
3. tade bàogào xiěde, yòu   Her report is both clearly and
   qīngchu, you xiángxì.   meticulously written.
4. nǐ yòu yào mǎi, yòu búyào   (First) you want to buy (it),
   mǎi; nǐ dàodǐ dǎsuàn zěmma   and (then) you don't; what is
   bàn?   it that you really want to do?

YÌBIĀR ...., YÌBIĀR

C. TAMEN YÌBIĀR PǍO BÙ, YÌBIĀR TÁN HUÀ.
   They are jogging and talking at the same time.

1. ta yìbiār yòng jiǎo dǎ pāizi   He is beating time with his foot
   yìbiār chàng gēr.   and singing at the same time.
2. hǎoxiē rén xǐhuan yìbiār kàn   A lot of people like to eat
   diànyěngr yìbiār chī dōngxi.   and watch a movie at the same time.
3. jùshuō Lǐ Bái cháng yìbiār   It is said that Li Po frequently drank
   hēzhe jiǔ, yìbiār zuò shī.   and composed poetry at the same time.

(HÁISHI) ...., HÁISHI ......?

D. NI PÍNGCHÁNG WǍNSHANG, HÁISHI ZǍOSHANG XǏ ZǍO?
   Do you usually bathe at night or in the morning?

1. tamende jìhuà shì jīnnian,   Are they going to implement
   háishi míngnian shíxíng?   their plan this year or next year?
2. ni duì nǐ fùmǔ, háishi duì ni   (Do) you have more feeling

      xiōngdìjiěmèi de gǎnqíng shēn?   for your parents or for your siblings?

3. jīnnian qiūtian wǒmen jiǔyuè
    (háishi) wǔhào, háishi liùhào
    kāi xué?

    Does our school start on
      September the 5th or the 6th
      this fall?

4. wǒ bùzhīdào tā juéde nǐde
    yìjiàn hǎo háishi wǒde hǎo.

    I don't know whether he
      thinks your opinion or my opinion is better.

    (HUÒSHI) . . . . ,   HUÒSHI . . . .

E. HUÒSHI KÀN ZÚQIÚ, HUÒSHI KÀN LÁNQIÚ, MÉNPIÀO DŌU BÙPIÁNYI.

    Whether you go to a football game or to a basketball game, the (entrance) ticket for either is expensive.

1. cháng zhāo jí, huòshi cháng
    shēng qì duì shēntǐ dōu bùhǎo.

    It's not healthy (for a
      person) to be constantly worried or angry.

2. zhèishǒu Táng shī, huòshi
    nèishǒu wǒ dōu bútài liǎojiě.

    I don't quite understand
      either this Tang poem or that one.

3. māma shuō, "huòshi jīnnian
    bìyè, huòshi míngnian bìyè,
    dōu kéyi, búbì zhāo jí,
    mànmārde niàn ba."

    Mother says,"It doesn't
      matter whether (you) graduate
      this year or next year.
      Don't worry; take your time to finish.

IV. Other strings of adverbs

                                                (YÀOBURÁN,
    (YÀO) BÚSHI . . . . . ,   JIÙSHI . . . .;   JIÙSHI . . .)

A. ÀNSHANGDE NÈIXIE SHÙ, (YÀO) BÚSHI TÁOSHÙ, JIÙSHI PÍNGGUO SHÙ.

    If those trees on the bank are not peach trees, then they must apple trees.

1. nèrde tiānqi fēicháng tèbié;
    (yào) búshi xià yǔ jiùshi

    The weather there is extraordinarily
      strange; if it isn't raining,

Lesson 21

zhěngtian guā fēng.	then it is windy all day long.
2. nèige háizi de biǎo zěmma méiyou le? yàobúshi diūle, yídìng jiùshi nònghuài le.	How come that child's watch has disappeared? If it hasn't gotten lost, then it must have been ruined.
3. Lǐ Xiānsheng wèishemma jīntian méiyou lái? yàobúshi bìngle, jiùshi méibǎ rìzi gǎoqīngchu.	Why Didn't Mr. Lee come today? If he hasn't gotten sick, then he must have been confused about the date.
4. tāde xiǎoshuōr, yàobúshi zhùzhòng xiě gǎnqíng, jiùshi zhùzhòng xiě zhànzhēng de shìqing. yàoburán jiùshi xiě guānyu lìshǐ de gùshi.	If his novels do not emphasize writing about emotions, then they emphasize things about wars. Otherwise, they are stories about history.

BÚSHI O YĚ BÚSHI . . . ., SHÌ...

B. ZHÈ BÚSHI TÁNG CHÁO DE SHĪ, YĚ BÚSHI HÀN CHÁO DE SHĪ, SHÌ XIÀNZAI DE RÉN XIĚ DE.

This is not a Tang poem, and it's not a Han poem either; it is written by someone of modern times.

1. Zhào Xiáojie búshi zài hángkōng gōngsī zuò shì, yě búshi zài lǚxíngshèli. shì zài yīyuàn zuò shì.	Miss Chao doesn't work for the airline; she doesn't work for the travel bureau either. She works for the hospital.
2. wo búshi qu yínháng ná qián, yě búshi qu jiè qián, wo shi qu mǎi lǚxíng zhīpiào.	I'm not going to the bank to get some money, nor to borrow some money. I'm going to buy (some) traveller's checks.

LESSON 22

I. Expressing distances with lí

    PW₁   LÍ   PW₂   A   YUǍN/JÌN (MA?)

A.   WǑ JIĀ   LÍ   XUÉXIÀO   FĒICHÁNG   YUǍN.

    My home is extremely far from the school.

1. Liújia lí nèige dǎo hěn jìn. — The Liu's home is very close to that island.
2. Húnán Shěng lí Guǎndōng Shěng hěn yuǎn ma? — Is Hunan province very far away from Kwangtung province?
3. wo juéde nǐde zhuōzi lí chuānghu yǒu yìdiǎr tài jìn. — I think your table is a little too close to the window.
4. tamen zūde fángzi lí Jiùjīnshān yuǎnjíle. — The house that they have rented is extremely far from San Francisco.

    PW₁/N₁ LÍ PW₂N₂   (YǑU) NU M   (YUǍN)

B.   ZHÈR LÍ TÁNXIĀNGSHĀN YǑU DUŌMA YUǍN?

    How far is it from here to Honolulu?

1. Niǔyuē lí zhèige dìfang yǒu bāshiduō lǐ. — It's over eighty miles from New York to this place.
2. nǐde sùshè lí túshūguǎn yǒu meiyǒu yìlǐbàn? — Is it (as much as) a mile and a half from your dormitory to the library?
3. Huáshèngdùn lí nèr yǒu sānbǎilǐ zuǒyòu; kě zhēn yuǎn. — It's around three hundred miles from there to Washington; it's certainly (really) far.
4. zhèige dēng lí nèige mén cái yǒu yìchǐ. kǒngpà tài jìn. — This lamp is only a foot from the door. (I'm) afraid it's too close.

Lesson 22

II. Comparison of distances

A. With *gēn*

A	LÍ	B	GĒN	C	LÍ	B/D	YÍYÀNG	YUǍN/JÌN
1. ZHÈR	LÍ	HUǑCHĒZHÀN	GĒN	NÈR	LÍ	HUǑCHĒZHÀN	YÍYÀNG	YUǍN.

(Here is the same distance from the railroad station as there is:)
It is the same distance from there to the railroad station as
it is from here.

1. wǒmen jiā lí yínháng gēn tā   Our house is as close to the bank
   jiā lí yínháng yíyàng jìn.   as his is.
2. qiúchǎng lí ta zhùde dìfang   It is the same distance from
   gēn lí shūdiàn yíyàng yuǎn.   the ballpark to his place as it is to the
       bookstore.

A	LÍ	B	GĒN	C	LÍ	B/D	CHÀBUDUŌ
							CHÀBUDUŌ YÍYÀNG
							YUǍN/JÌN

WǑDE LǙGUǍN LÍ NÈIGE GUǍNZI GĒN TĀDE LǙGUǍN LÍ NÈIGE GUǍNZI CHÀBUDUŌ.

My hotel is about the same distance from the restaurant as
his.

1. zhèibǎ yǐzi gēn nèibǎ lí   This chair is about as close
   hēibǎn chàbuduō yíyàng jìn.   to the blackboard as that one.
2. zhèige fēijīchǎng lí Jiùjīn-   This airport is about as far
   shān gēn nèige lí Jiùjīnshān   from San Francisco as that
   chàbuduō yíyàng yuǎn.   one.

B. With *(méi)you nèmma* and *bǐ*

A	LÍ	B	(MÉI)YǑU	A	LÍ	C	(NÈMMA) YUǍN/JÌN
				C	LÍ	D	
1. ZHŌNGGUO	LÍ	RÌBĚN	MÉIYǑU	ZHŌNGGUO	LÍ	MĚIGUO	NÈMMA YUǍN.

China isn't as far from Japan as it is from America.

1. Xiānggǎng lí Guǎngzhōu méiyou Hong Kong isn't as far from
   Bōshìdùn lí Zhījiāgē nèmma   Canton as Boston is from
   yuǎn.   Chicago.
2. zhèitiáo lù lí jiāyóuzhàn yǒu   Is this road as close to the
   nèitiáo jìn ma?   gas station as that one is?

```
    A       LÍ   B       BǏ   A/D      LÍ   C         YUǍN/JÌN
2. DŌNGJĪNG LÍ BĀLÍ      BǏ  DŌNGJĪNG  LÍ SHÀNGHǍI    YUǍN.
```
It's farther from Tokyo to Paris than it is from Tokyo to Shanghai.

1. Ōuzhōu lí Yàzhōu bǐ lí Àozhōu   It's closer from Europe to
   jìn.   Asia than it is from Australia.
2. nǐde wūzi lí xǐzǎofáng bǐ   Your room is farther away
   tāde yuǎn.   from the bathroom than his.
3. Zhōngguó lí Dōngnán-Yà bǐ   It is closer from China to
   Fǎguó jìn ma?   Southeast Asia than it is from France?

III. Degree of difference and comparison of distances

```
   A           LÍ  B             BǏ A/D LÍ C   YUǍN/YÌDIǍR
                                                JÌN DEDUŌ
                                                DUŌLE
                                                NU M
A. JIǓSHIWǓHÀO GŌNGLÙ LÍ ZHÈIGE FÀNGUǍR BǏ LÍ NÈIGE JÌN DUŌL
```
It's a lot closer from highway 95 to this restaurant than it it
to that one.

1. Táiwān lí Xiānggǎng bǐ lí   Is Taiwan a little closer to
   Rìběn jìn yìdiǎr ma?   Hong Kong than it is to Japan?
2. Wángjiā lí fēijīchǎng bǐ   It's about two or three miles farther from
   Liújiā yuǎn liǎng-sān lǐ.   the Wong's to the airport than it
                                       is from the Liu's.
3. wǒ xiǎng zhèr (lí huǒchēzhàn)   I think it is much farther

Lesson 22

       bǐ nide lǚguǎn lí huǒchēzhàn   from here to the train
       yuǎn de duō. Wǒmen háishi   station than it is from your
       jiào jìchéngchē ba.   hotel. We'd better call a taxi.

   A   LÍ   B   BǏ A/D LÍ   C GÈNG/HÁI YUǍN/JÌN.
B. NÈIGE GŌNGSĪ LÍ NǏNER BǏ LÍ WǑZHÈR GÈNG JÌN.
That company is even closer to your place than it is to mine.

1. nèixiē dàibiǎo zhùde bǐ   Those representatives live
   zhèixiē huìyuán zhùde lí   even farther from downtown
   chéngli gèng yuǎn .   than these committee members do.
2. Fēizhōu lí Àozhōu bǐ lí   Africa is even farther from
   Měizhōu hái yuǎn.   Australia than it is to
                                      America.

LESSON 23

REVIEW OF IMPORTANT PATTERNS SSC 1-23

SSC I, Lesson 4:

         TRANS. O,   N   DŌU (AV)   V

         XIÉ GEN WÀZI,   WO DŌU XŪYÀO MǍI.
         I need to buy both shoes and socks.

1. nide yìjiān huòshi tāde,   I approve of both your and his
   wo dōu zànchéng.   opinion.
2. zhèixiē shēngzì de yìsi   They have forgotten the meaning
   tāmen dōu wàngle.   of all of these new words.

SSC I, Lesson 5:

         N   XÌNG   O
         (DE MÍNGZI)   JIÀO
                         SHÌ

         WO   SHÌ ÈRNIÁNJÍ DE XUÉSHENG.
         I am a second year student.

1. ta fùqin shì yíge yǒumíngde   Her father is a well known
   shùxuéjiā.   mathematician.
2. womende xiàozhǎng xìng Wú.   Our president/principal is surnamed Woo.
3. nèiběn huàbào de míngzi   That pictorial is called <u>Life</u>.
   jiào <u>Shēnghuó</u>.

Lesson 23

SSC I, Lesson 6:

    N   (YÌGÒNG)   (V)   NUM   (N)

ZHÈIXIĒ JIĀJÙ   YÍGÒNG   MÀI DUŌSHǍO QIÁN?

    How much is it altogether for these (pieces of) furniture?

1. wǒmende bàngōngshìli yígòng   Our office has five people altogether.
   yǒu wǔge rén.
2. zhèige sùshè yígòng yǒu sānge   This dormitory has three reception
   huìkèshì.   rooms altogether.
3. zhèiliǎngge chuáng yígòng yào   These two beds cost $450 altogether.
   sìbǎiwǔshikuài qián.

    N   (V)   NUM (MONEY EXPRESSION) NUM (PER UNIT)

ZHÈIZHǑNG ZÁZHÌ   YÍKUÀIBÀN   YÌBĚN.

    This kind of magazines cost $1.50 each.

1. máojīn xiànzài yào wǔliùkuài   Towels cost five or six dollars
   qián yìtiáo.   each nowadays.
2. yágāo liǎngkuài qián yìtǒng   Two dollars for one tube of toothpaste
   kě zhēn guì.   is indeed expensive.

    N   (YǑU)   NUM   DUŌ(MA)   SV

NÈIGE BÓWÙYUÀN   YǑU   DUÓMA DÀ?

    How big is that museum?

1. wǒ mǎide dēng yǒu èrshiduōcùn   The lamp I bought is over 20 inches
   gāo.   high.
2. nèifēng jièshàoxìn yǒu duō cháng?   How long is that recommendation letter?

yī-liǎngyè.   One or two pages.
3. ni gēn Zhāng Tàitai yǒu duō shú?   How well do you know Mrs. Chang?
   hěn shú, women yǐjing rènshi   Quite well. We've known each
   hǎojǐnián le.   other for several years now.

SSC I, Lesson 7:

```
         N        ZÀI        V        NUM    (O)
```
QǏNG NǏ   ZÀI   SHUŌ YÍBIÀN.
Please say it one more time.

1. wo yào zài gěi ni zhào liǎngzhāng   I want to take two more pictures of
   xiàngpiār.   you.
2. tiānqi jiǎnzhíde tài rè le. jīntian   It's simply too hot. I have to take
   wǎnshang wo děi zài xǐ yíge zǎo.   another bath this evening.

SSC I, Lesson 9:

```
   CLAUSE DE,                      SHÌ                  O
   CLAUSE DE,                      (A)    (AV)    V     O
   CLAUSE DE,                      (A)           SV
```
TA XIǍNGCHULAI DE BÀNFA   HĚN   FĒIQIÁN.
The method that he thought of is very expensive.

1. yào xuéxí yīkē de xuésheng   There are more and more students
   yuè lái yuè duō.   who want to study medicine.
2. ta niàn shū de jīngyàn bǐ   He has more experience in studying
   zuò shì de duō.   than in working.
3. tamen zū de fángzi lí xuéxiào   The house that they have rented is
   bǐjiào yuǎn.   comparatively farther from the school.
4. wo juéde ta shuō de lǐyóu dōu   I feel that the reasons he has cited are all
   búshì zuì hǎo de lǐyóu.   not very convincing (:the best reasons).

Lesson 23

5. shuì de zǎo de rén cháng cháng yě qǐlai de zǎo ma?
   Do people who go to bed early also get up early?
6. zhǔxiū wénxué de xuésheng jiānglái shì bushì dōu yào xiě shū?
   Do all the students who major in literature want to write in the future?

N	(A)(AV)	V	CLAUSE	DE
N	SHÌ		CLAUSE	DE
TRANS. CLAUSE DE,	N (A)	(AV)	V	

WO   **TĪNGBUDǑNG TĀ SHUŌ DE XIÀOHUÀ.**

I don't understand the jokes she told.

1. tāmen tíchulai de jìhuà, wǒmen xiànzài mǎshàng tǎolùn.
   We will immediately discuss the plans they have submitted.
2. wǒ nǚer de péngyou, shì yíge kāi jìchéngchē de. tā duì Niǔyuē bǐjiào shú.
   My daughter's friend is a taxi driver. He is relatively more familiar with New York.
3. nèiběn zázhìshàng shuō, Měiguo rén xūyào mǎi Měiguo zìji shēngchǎn de dōngxi.
   That magazine says that Americans (need to:) should buy commodities which are produced by America (itself).
4. Lǐ Bái xiě de shī duì Qīng Dài gēn Míng Dài de shīrén yǒu hěn shēn de yǐngxiǎng.
   Li Po's poems had a deep effect on the poets of Ch'ing and Ming Dynasties.

Lesson 23

```
     N  YĪ  V           O                       JIÙ  V   (O)  (LE)
```
WO YĪ TĪNGJIAN NIDE SHĒNGYIN WO XĪNLI JIÙ GĀOXINGJILE.

As soon as I hear your voice I'm extremely happy.

1. ta yìbìyè jiù yào qù wàiguo zuò shì.
   As soon as he graduates, he will go overseas to work.

2. women yìbǎ women de jìhuà tíchulai biéren like jiù dōu hěn zànchéng.
   As soon as we submitted our plan others immediately all agreed with us.

3. zhèixiē máojīn bùzhí nèmma duō de qián. zuótian wo náhui qu, yìxǐ jiù huài le.
   These towels are not worth that much money. Yesterday (when) I brought them home, as soon as I washed them they were ruined.

SCC I Lesson 10:

```
     TW           N  (BU)   ZÀI       PW       V    O
```
ZHÈIGE YUÈDǏ TA YÀO ZÀI LUÓMǍ KĀI HUÌ.

He is going to attend a meeting in Rome at the end of this month.

1. ta de huàr cónglai méizài Měiguo zhǎnlǎnguo.
   His paintings have never been exhibited in America.

2. wo tèbié xǐhuan zài Niǔyuē zhù, yīnwèi suíshí kéyi dào gèzhǒng bówùyuàn qù kànkan.
   I especially like to live in New York because I can go to visit all kinds of museums at any time.

3. zài hángkōng gōngsī zuò shì hěn fāngbiàn; lǚxíng kéyi búfèi tài duō de qián.
   It's very convenient to work for an airline company; it doesn't cost much money to travel.

4. Wáng Xiáojie yǒu yíge hěn tèbié de xíguàn; ta zǒngshi xǐhuan zài bàngōngshìli shuì jiào.
   Miss Wong has an unusual habit; she always likes to take a nap in the office.

SSC I, Lesson 11:

```
  N   (AV)  DÀO    PW        QU/LAI   V    O    QU/LAI (LE)
 WǑ DĚI   DÀO   LǙXÍNGSHÈ QÙ    MǍI  FĒIJĪPIÀO.
```
    I have to go to the travel agency to buy airplane tickets.

1. Zhào Tàitai dào yóujú qù jì xìn qu le.
   Mrs. Chao went to the post office to mail some letters.
2. Wú Xiānsheng dào Luómǎ qù bàiwàng Zhōu Xiàozhǎng qù le.
   Mr. Woo went to Rome to visit President/principal Chou.
3. xiàge xuéqī Qián Xiáojie yào dào Gē Dà qu yánjiu Gǔdài Hànyǔshǐ.
   Miss Ch'ien is going to Columbia University to study the history of Classical Chinese (language) next semester.

```
  N                          KUÀI/JIÙ (AV)  V    (O)   LE
 NǏ JIÀO DE JÌCHÉNGCHĒ   KUÀI   YÀO  LÁI       LE.
```
    The cab you called is going to be here soon.

1. ta xiě de nèiběn guānyu Hàn Dài wénxué de shū jiù yào chūbǎn le.
   The book he wrote about Han Dynasty literature is going to be published soon.
2. wo jīnnian niándǐ yào dào Zhōngguo qu. wo kuài kéyi gēn wo xiǎoshíhou de péngyou jiàn miàn le.
   I'm going to China at the end of this year. I'm going to see my childhood friends very soon.
3. nèige guójiā fāzhǎn de hěn kuài. yǒu hěn duō guòqù de fēngsú xíguàn xiànzài dōu kuài méiyou le.
   That country is developing very quickly. A lot of the customs of the past are fast disappearing now.

SSC I, Lesson 12

      N   YĬJĪNG   V LE   O   LE   (MA?)
TA   YĬJĪNG   ZHÁOGEI   NĬ QIÁN LE MA?
          Has he already given you your change?

1. wo yĭjing yuēle Wú Taitai gēn   I've already invited Mrs. Woo
   Zhōu Taitai le.   and Mrs. Chou.
2. zhèiyikè de shēngzì, ta yĭjing   He is already familiar with the
   dōu niànshú le.   vocabulary of this lesson.

    N   (MÉI)   (CV) (O)   VGUO   O
WO CÓNGLÁI   MÉI   TĪNGJIÀNGUO NÈIJÙ   CHÉNGYŬ.
          I've never heard that maxim before.

1. Lăo Qián de shēntĭ yìzhí hĕn   Old Ch'ien's health has always been
   hăo; ta cónglái méi zhùguo   good; he has never stayed in a
   yīyuàn.   hospital.
2. wo méigēn nèixiē xuésheng   I've never talked with those students,
   tánguo huà; suóyi wo bùgăn   therefore I couldn't say whether
   shuō tamen duì yīkē yŏu   they are interested in medicine or
   meiyŏu xìngqu.   not.

     N   HÁI MÉI   (CV) (O)   V   (O)   (NE)
WOMEN   HÁI MÉI   QÙ KÀN NÈIGE ZHĂNLĂN   NE.
        We've not yet seen that exhibit.

1. jīnnian xiàtian de gōngzuò,   He hasn't found (any) work for
   ta hái méizhăozháo ne.   this summer yet.
2. ta zūle yìsuŏ fángzi; búguò   She has rented a house; but she
   ta hái méimăi jiājù ne.   hasn't yet bought (any) furniture.

Lesson 23

   (TW)N   V LE   O   JIÙ   (A)   V   (O)   LE

TAMEN CHĪLE ZǍOFÀN JIÙ MǍSHANG DÀO BÓWÙYUÀN QÙ LE.

After breakfast, they immediately went to the museum.

1. zuótian wo líkāi le bàngōngshì   Yesterday after I left the office,
    jiù gǎnjǐn qu mǎi cài qu le.   I rushed to buy some groceries.
2. sānniánjí de shíhou, ta dúwánle   In her junior year, after she finished
    dìèrge xuéqī jiù dào Rìběn   the second semester she went
    qu le.   to Japan.

  (TW)   N   VLE   (NU-)   M   O   (LE)

LǏ BÁI YÍGÒNG XIĚLE DUŌSHǍO SHĪ?

How many poems did Li Po write altogether?

1. Zhèige xuénián wo yígòng gěi   I've written over sixty recommendation
    xuésheng xiěle liùshijǐfēng   letters for students during this
    jièshàoxìn.   school year.
2. Yīngguo chūbǎn de shū wo   I've already read a lot of books that
    yǐjing dúle hěn duō le;   are published in England; now
    wo xiànzai xiǎng dú yìxiē   I wish to read some that are
    Měiguo chūbǎn de.   published in America.

  (O),   N   (BU) SHI   ZÀI   PW   V(O)   DE
                           (ZÀI) TW
                                  MONEY EXPRESSION
                                  ZUÒ   O

TA TÀITAI SHÌ ZÀI LUÓMǍ SHĒNGZHǍNG DE.

His wife grew up in Rome.

1. Zhōngguo de xiǎoshuōr shì   Chinese fiction developed during the
    zài Míng Qīng shíqī fāzhǎn de.   period of the Ming and Ch'ing.

2. wǒ tīngshuō nèige fàndiàn shì 　　I heard that the hotel was sold for
　　sìbǎiduōwànkuài qián mài de. 　　　over four million dollars.
3. tāmen shì zuò chuán, búshi zuò 　　They went by boat, not by plane
　　fēijī dào Yǎdiǎn qu de. 　　　　　to Athens.

SSC I, Lesson 13:

N　　TIME WHEN　(X NIÁN X YUÈ X HÀO)　V　　(O)　　　　　　(LE)
TA　JIĀNGLÁI　YÀO　　　　　　　　YÁNJIU　TÁNG DÀI DE SHŪHUÀ.
　　In the future, he wants to study the calligraphy and painting of the Tang Dynasty.

1. guòqu zhèijǐnián, tā cháng　　　　He often borrowed money from
　　gēn péngyoumen jiè qián. 　　　　　(his) friends in the past few years.
2. nèige dìfang de tiānqi duì　　　　The weather there is not suitable for me.
　　wǒ bùhéshi; yìnián sìjì　　　　　it rains all the year round.
　　dōu xià yǔ.
3. gāngcái yǒu jǐge xuésheng dào　　A moment ago, there were a few students
　　nǐde bàngōngshì qù zhǎo　　　　　looking for you at your office.
　　nǐ qu le.

N　(AV)　　V (LE)　　TIME SPENT　(DE)　　O　　　　　(LE)
TA DǍSUAN　DÚ　　SĀNNIÁN　DE　　JĪNGJÌXUÉ.
　　　He plans to study economics for three years.

1. qùnian niándǐ tā zài diànhuàjú　　She worked at the telephone company
　　zuòle liǎngge xīngqī de shì.　　　for two weeks at the end of last year.
2. tā yǐjing zuòle shínián de　　　　He has been a (sea) captain for ten
　　chuánzhǎng le, shìjièshàng　　　　years now. He has been to
　　yǒumíngde dìfang tā chàbuduō　　　almost all of the famous places
　　dōu qùguo le. 　　　　　　　　　　in the world.

3. nèige háizi yòu ānjìng, niàn shū yòu yŏng xīn. ta mĕitian dou zuò sān-sìge zhōngtóu de gōngkè.
That child is both quiet and (diligent at his studies:) a good student. He (does home work:) studies for three or four hours every day.

   A   (MÉI)YOU   B   (NÈMMA)   SV/V   O
QIÁN TÀITAI MÉIYOU LǏ TÀITAI NÈMMA ÀI SHUŌ BIÉREN BÙHǍO.
    Mrs. Ch'ien is not as critical of others as Mrs. Lee.

1. xiàndài Hànyŭ méiyou gŭdài Hànyŭ nèmma nándŏng.
Modern Chinese is not as difficult to comprehend as Classical Chinese.

2. zhŭxiū wénkē de xuéshēng yŏu meiyou zhŭxiū yákē de xuéshēng nèmma duō?
Are there as many students majoring in literature as there are in dentistry?

SSC I, Lesson 14:

              N   BÙ/MÉI V   QW   (N)
ZHÈILIǍNGNIÁN WǑDE XUÉYÈ MÉIYOU SHÉMMA JÌNBÙ.
    I didn't make much progress in my studies for these last couple of years.

1. ni fàng xīn ba! zuótian zài Niŭyuē wo méiyòng duōshao qián.
Don't worry! I didn't spend much money in New York yesterday.

2. ta zài Făguo zhùguo yíge hĕn cháng de shíqí; kĕshi ta duì jiāo Făwén méiyou shémma jīngyàn.
She has lived in France for an extended period of time; but she is not well experienced in teaching French.

                   N   QW(O)   DŌU/YĚ (NEG.) V
YǑUDE SHÍHOU WO XIǍNG, WO SHÉMMA ZHĪSHI DŌU MÉIYOU.
    Sometimes I think that I'm not knowledgeable about anything.

1. wo juéde Gùgōng Bówùyuàn kě
   zhēn yǒu yìsi; lǐtou shémma
   yàngr de dōngxi dōu yǒu.
2. zhèr xiàjì de tiānqi zǒngshi
   nèmma rè, wēndù yíguòle
   jiǔshidù wo jiù nǎr dōu
   bùxiǎng qu le.

I feel that the Palace Museum
is really very interesting; there
are all kinds of things inside.

The summers here are always so
hot. As soon as the temperature
goes over 90°, I don't feel like
going anywhere.

```
       N      YI    M      (O)              DŌU/YE           NEG. V
       TA     YÌ    SHUĀNG HÉSHÌ DE XIÉ     YĚ               MǍIBUZHÁO.
```
He can't even find one pair of comfortable shoes (to buy).

1. zhēn duìbuqǐ! wo yìdiǎr shíjiān
   yě chōubuchū lái qu gěi ta
   sòng xíng.
2. zhèicì de kǎoshì jiǎnzhíde tài nán
   le; dào xiànzài yíge xuésheng
   yě méijiāo juǎr ne.

I'm truly sorry, I can't even take
a minute to see him off.

The test is simply too difficult this
time; up until now, not even a
single student has handed in his paper.

```
VO/TV    DE SHÍHOU
(VO/TM)  YǏQIÁN
(VO/TW)  YǏHÒU    N    (TW)                                      V      O
MÍNG CHÁO DE SHÍHOU, WÀIGUO RÉN KĀISHǏ CÓNG HǍISHANG DÀO ZHŌNGGUO QU ZUÒ MǍIMAI.
```
During the Ming Dynasty, foreigners began to come to China by sea to do business.

1. Hàn Cháo yǐhòu Zhōngguo
   fēnchéngle sānge guójiā.
2. Táng Cháo yǐqián de shī méiyou
   Táng Cháo de shī nèmma
   yǒumíng.

China was divided into three
nations after the Han Dynasty.

The poetry of the period before the
Tang period is not as well known
as those of the Tang period.

SCC II, Lesson 15:

```
       N      KUÀI/MÀN   YÌDIĂR     V              (O)
   QǏNG NǏ   KUÀI       YÌDIĂR   XIĂNGXIANG    BÀNFA.
```
              Please hurry up and think of a way.

1. nǐ néng bunéng màn yìdiăr suàn? suàn de tài kuài le, jiù róngyi suàn de búduì.
    Can you calculate a bit more slowly? (If) you calculate too hastily, it's easy to make mistakes.

2. fùmǔ xīwàng ta kéyi kuài yìdiăr bìyè, yīnwèi xiànzài de xuéfèi yuè lái yuè guì le.
    (His) parents hope that he will hurry up and graduate, because tuition is getting more and more expensive now.

```
       N                       DUO/SHAO  V    YIDIAR       O
   WO XIĀNSHENG LĂO JIÀO WO DUŌ         CHĪ  YÌDIĂR    DŌNGXI.
```
             My husband is always telling me to eat a little more.

1. shăo hē jǐbēi kāfēi, ni jiù kéyi duō shuì yidiăr jiào le.
    (If) you (can) drink less coffee (then) you'll be able to sleep more.

2. ni wèishémma bùduō chī jǐge jiăozi? zhèixiē jiăozi zuò de hĕn hăochī a!
    Why don't you eat a few more dumplings? These dumplings are very tastily made.

```
       N    (V  O)      V DE      A         SV
      TA   SHUŌ HUÀ   SHUŌ DE    TÀI       DUŌ.
```
              She talks too much.

1. women hĕn gănxiè nǐmen bă women zhāodài de nèmma hăo.
    We are very grateful that you have (treated us so well:) been so hospitable to us.

2. nèige guójiā de gōngyè, guòqu zhèishínián fāzhăn de fēicháng màn.
    In the last decade, the industry of that nation developed very slowly.

3. ta pá shān pá de hǎojíle; He is an extremely good (mountain)
   bùguǎn duó gāo de shān ta   climber. No matter how high the
   dōu gǎn pá.   mountain is, he's not afraid to climb it.

   (N DE)   O   V   DE A   SV
   SP (NU)   M   O,
   NÈIGE   WÈNTÍ, JIĚJUÉ DE ZHĒN   KUÀI.
           That problem was solved very quickly.

1. tade Déwén shuō de fēicháng   He speaks German very well, (I)
   hǎo, yìdiǎr yě tīngbuchūlái   can't tell at all that his is not
   ta búshì Déguo rén.   from Germany.

2. nèige gōngchǎng bàn de hěn   That factory is managed well; (its)
   hǎo; shēngchǎn měinián dōu   production increases every year
   zēngjiā, gōngren de shēnghuo and the workers (lives) are also
   yě hěn shūfu.   very comfortable.

SSC II, Lesson 16:

   (N)   WÀNG   L/PW   V
   YÌZHÍ   WÀNG   NÁN   ZǑU   YÌHUĚR, JIÙ DÀO LE.
         Head straight south (and) you'll be there shortly.

1. wàng něibiār zǒu zuì jìn?   (Walk towards) which direction
                                     is the closest?

2. cóng shānshàngtou wàng xià   Which is easier, to go uphill
   zǒu róngyi, háishi cóng   or to go downhill?
   shānxiàtou wàng shàng zǒu
   róngyi?

Lesson 23

    N1   GĒN N2   (BU) YÍYÀNG

WǑMEN XIǍOSHIHOU DE QÍNGXING GĒN XIÀNZÀI DĀNGRÁN BÙYÍYÀNG.

       The circumstances of our childhood are of course, different from now.

1. shìjièshang gèchù de fēngsú xíguàn dōu bùyíyàng. — In the world, the customs of every place are different.

2. Èguo gēn dìsānshìjiè de guānxi gēn Měiguo gēn dìsānshìjiè yíyàng ma? — Is Russia's relationship with the third world the same as America's?

    N1   (A)   XIÀNG   N2

NǏDE SÙSHÈ   YǑU YÌDIǍR   XIÀNG   YÍGE LǛGUǍN.

       Your dormitory looks a little like a hotel.

1. Yīngwénli yǒu yíjù chéngyǔ de yìsi hěn xiàng zhèige Zhōngguo chéngyǔ. — There is a saying in English which is very similar to this Chinese saying.

2. yǒu rén shuō zài Měiguo de dà chénglitou, Zhījiāge xiàng Shànghǎi; Bōshìdùn xiàng Běijīng. — Some people say that among the big cities in the U.S., Chicago is like Shanghai (and) Boston is like Beijing.

    N   V ZHE   O   V   (O)   (LE)

ZHŌU LǍOSHĪ NÁZHE YÌBĒI KĀFĒI DÀO LÓUSHÀNG   QÙ LE.

       Teacher Chou went upstairs carrying a cup of coffee.

1. nèige háizi pà hēi; ta wǎnshang zǒngshi xūyào kāizhe dēng shuì jiào. — That child is afraid of the dark; he always needs to sleep with the lights on.

2. ni háishi duō chuānzhe yìdiǎr yīfu chū qu ba, yàoburán ni yídìng yòu yào zháoliáng le. — You had better put on more clothes when you go out, otherwise, you'll catch cold again.

SSC II, Lesson 17:

                (N)   BǍ   O   V(VS) LAI/QU (LE)

KĀI HUÌ DE SHÍHOU, NǏ YĪNGDĀNG BǍ NÈIGE JÌHUÀ TÍCHULÁI.
        You ought to bring up that plan during the meeting.

1. ta bǎ xiānsheng jiǎng de huà   He wrote down the teacher's
   dōu xiángxiángxìxì de xiěxia   lecture in great detail.
   lái le.
2. tamen méibǎ túshūguǎnli de   They did not move out all of
   yǐzi dōu bānchu lái.   the chairs from the library.

     (N)   BǍ   O   V ZAI   PW   (LE)
                           V DAO   PW   LAI/QU (LE)

BIÉ   BǍ HUǑCHĒPIÀO FÀNGZAI NIDE CHUÁNSHANG.
        Don't put the train ticket on your bed.

1. tamen bǎ niàn Zhōngwén de   They have put all of the students
   xuésheng dōu fàngzài yíge   who study Chinese into
   sùshèli le.   one dorm.
2. ni yǒu meiyǒu bǎ zhíqián de   Did you put the valuables in the
   dōngxi fàngzai yínhángli?   bank?
3. Měiguo jīnnian bùxiǎng bǎ bīngqì America does not intend to ship the
   yùndao nèige guójia qu.   weapons to that country this year.

      (N)   BǍ   O   V ZǑU   (LE)

BIÉ   BǍ WǑDE BÀOGÀO NÁZOU, WO HÁI MÉIXIĚWÁN NE.
        Don't take away my report, I haven't finished writing it yet.

1. ta yídìng yòu bǎ wǒde āsīpǐlíng   She must have taken my aspirin again,
   názǒu le, yào burán zěmma   otherwise how come I can't find
   zhǎobuzháo le?   it?

Lesson 23

      (N)   BĂ   O   (V) GEI   I-O   (LE)
NI YUÀNYI   BĂ NĬDE YÁSHUĀ   JIÈGEI   BIÉREN MA?
    Are you willing to lend your tooth brush to others?

1. Lăo Wú yào bă tade jiù chuáng   Old Woo wants to sell his old
   màigei wŏmen.   bed to us.
2. ni shémma shíhou cái kéyi bă   When can you hand that paper
   nèipiān wénzhāng jiāogei wŏ ne?   in to me?

      (N)   BĂ   O   V (LE) (YI) V
QĬNG NĬ   BĂ   NĬDE BÀNFA JIĂNGYIJIĂNG
    Please explain your method a bit.

1. zuótian wo gēn xiăoshíhou de   I got together with my childhood
   tóngxué jùle(yi)ju.   classmate yesterday.
2. wo bă nèisuŏ fángzi kànle(yi)kan. I took a look at that house. I felt that
   wo juéde chúfáng gēn cèsuŏ   both the kitchen and the bathroom
   dōu tài xiăo, jiéguŏ méimăi.   were too small; so I didn't buy it.

SSC II, Lesson 18:

N   (TIME WHEN)   NU₁ DIĂN   NU₂ FĒN   V   (O)
WOMEN MÍNGTIAN   JIŬDIĂN   ÈRSHIFĒN KĀI   HUÌ.
    We'll hold a meeting tomorrow morning at nine-twenty.

1. Zhào Xiānsheng zŏngshi zăoshang   Mr. Chao always takes a bath at
   bādiăn chà yíkè xĭ zăo.   a quarter to eight in the morning.
2. wo yàoshi wănfàn chī de bútài   If I don't overeat at supper, maybe
   băo, wo yéxŭ wănshang qīdiăn   I'll go swimming as early as
   bàn jiù qu yóuyŏng.   7:30, this evening.

```
        N    (TW)           V (LE)   NU₁ GE ZHŌNGTÓU    NU₂ FĒN ZHŌNG     (DE) O (LE)
     TĀ MĚITIĀN DŌU PǍO    LIǍNGGE ZHŌNGTÓU                    DE    BÙ.
```
He jogs for two hours every day.

1. shàngcì nǐ bìng de shíhou, nǐ
   yígòng fāle èrshísìge zhōngtóu
   de shāo.
   Last time when you were sick, you had a fever for twenty-four hours.

2. nèixiē qiúyuán yǐjīng tīle chàbuduō
   liùge zhōngtóu de qiú le,
   kǒngpà tāmen kuài tībudòng le.
   Those soccer players have been playing for almost six hours. (I'm) afraid they soon will have no more strength left to play.

```
        N    (TW)        NUM          NEG     V    O   (LE)
     TĀ SÌWǓGE    ZHŌNGTÓU MÉI    CHĪ  YÀO  LE.
```
She hasn't had any medicine for four or five hours.

1. wǒ shíbāge zhōngtóu méishuì jiào
   le. wǒ juéde yuè lai yuè bùshūfu.
   I haven't had any sleep for eighteen hours. I'm feeling more and more ill.

2. tā jǐge zhōngtóu méikésou le;
   shuōbudìng tāde shāngfēng
   yǐjīng hǎo le.
   He hasn't coughed for several hours now; his cold may be (already) better now.

```
        N    (SHÌ)       TW       CÁI  V      O      (DE)
     WǑMEN XIÀWǓ    SĀNDIǍN CÁI QÙ BÀIWÀNG TĀ    DE.
```
We didn't go to visit him until three o'clock in the afternoon.

1. yuèliang shì wǎnshang shídiǎn
   sānkè cái chū lai de.
   The moon didn't appear until ten forty-five at night.

2. Wáng Lǎoshī de qìchē shì
   wǔdiǎnduō zhōng cái
   xiūlihǎo de.
   Teacher Wang's car wasn't fixed until sometime after five.

Lesson 23

```
     N               TW        JIÙ   V(O)       LE
NÈICHǍNG BÀNGQIÚ BǏSÀI   SÌDIǍN  JIÙ  KĀISHǏ   LE.
```
    That baseball game started as early as four o'clock.

1. ni jiào de jichéngche liǎngdiǎn   The taxi you called was here as
    jiù lái le.   early as two.
2. ta sānniánji de shíhou wo jiù   I fell in love with her as early as
    xǐhuan ta le.   when she was a junior.

SSC II, Lesson 19:

```
   N1      GĒN    N2      (BÙ) YÍYÀNG          SV
                          CHÀBUDUŌ (YÍYÀNG)
                          CHÀBUDUŌ YÍYÀNG      SV
  GŌNGYÈ GĒN SHǑUGŌNGYÈ   YÍYÀNG           ZHÒNGYÀO MA?
```
    Is industry as important as handicraft (industry)?

1. wo zhèige xuéqi de gōngkè   My course work this semester is
    gēn shàngge xuéqi de   about the same as last
    chàbuduō.   semester's.
2. Xiānggǎng zhèixie rìzi de   The economic situation of Hong
    jīngji qíngxíng gēn jǐnian   Kong these days is no longer
    yǐqián bùyíyàng le.   the same as a few years ago.

```
         N1              BǏ     N2          SV     NUM
                                                  (YÌDIǍR)
                                                  (DEDUŌ)
                                                  (DUŌ LE)
       ZHÈIGE XUÉSHENG BǏ    NÈIGE      YÒNGXĪN.
```
    This student is more conscientious than that one.

1. nèige dìfang guòqù de shēnghuo   Life in that place was a lot more
    bǐ xiànzài (de) āndìngduō le.   stable before than now.

2. zhèr yèli zǒngshi bǐ báitian It's always ten plus degrees
   liáng shíjidù.   cooler here at night than
                                  in the day time.

SSC II, Lesson 20:

    N   V   DE/BU (VS) LAI/QU   (O)
    N (BǍ O) V (VS)   LAI/QU LE
NǏ   XIǍNGDECHŪLÁI   YÍGE ZHǓYI MA?
    Can you come up with an idea?

1. xiǎo gǒur zài shùshang; ta   The little dog is in the tree,
   zìjǐ xiàbulái.   it can't get down by itself.
2. hòulai ta bǎ nèige dà chuáng Later he moved the big bed up
   bānshang qu le.   (there).

  (O), N   V DE/BU SHÀNG / XIÀ / DÀO (NUM)
  N BǍ O,   V   SHÀNG / XIÀ / DÀO
WǑDE BÀNGŌNGSHÌ YÍDÌNG FÀNGBUXIÀ   SÌBǍ YǏZI.
    My office definitely has no room for four chairs.

1. zuòbudào de shìqing, wǒmen   We had better not take on jobs
   zuì hǎo búyào zuò.   which cannot be done.
2. wǒ gāngcái bǎ mén gēn   I locked up the doors and the
   chuānghu dōu suǒshang le.   windows a little while ago.

  (O),   N   V DE/BU VS (DǑNG, JIÀN, WÁN,
  (O)   N VS LE   ZHÁO AND KĀI)
TĀDE SHĒNGYIN TÀI XIǍO, MÉIYOU RÉN TĪNGDEJIÀN.
  Her voice is too low, nobody can hear her.

Lesson 23

1. wo shuō de Guǎngdōng huà, wo xiǎng Guǎngdōng rén tīngbudǒng. — I don't think Cantonese people understand (by listening) my Cantonese.
2. ni shuō de nèige bówùyuàn, jiéguǒ wǒmen zhǎozháo le. — Finally, we found the museum you mentioned.
3. Lǐ Xiānsheng shuō: "shìjièshang méiyou yòngbuwán de dōngxi." — Mr. Lee says: "Everything in this world can be exhausted."

O, N   V DE/BU VS (HĂO, QĪNGCHU, BĂO, AND GĀNJING)

N BĂ O   V VS LE
WO BĂ YÀO ZHĂNLĂN DE HUÀR DŌU YÙBÈI HĂO LE.

The paintings to be exhibited are all ready.

(I've finished preparing the paintings to be exhibited.)

1. ta mǔqin tì ta bǎ wàzi dōu xǐgānjing le. — His mother washed all of his socks (clean) for him.
2. fùqin wèn wo, "xuéxiào de fàn, ni chīdebǎo chībubǎo"? wo shuō, "kéyi chīdebǎo, jiùshi bùzěmma hǎochī". — Father asked me, "(Can you be filled by eating the:) Do you get enough food at school?" I said, "(It can fill me up:) Yes, but it isn't very tasty."

O,   N V DE/BU VS (DŌNG, LIĂO AND QĬ)
NI JIÀOLE ZHÈMMA DUŌ CÀI WǑMEN ZĚMMA CHĪDELIĂO?

You ordered so many dishes, how can we finish (them all)?

1. bānbudòng de dōngxi, yīngdāng ràng biéren bāng ni bān. — You should ask others to help you move those things that are too heavy for you to move.
2. ta mǎibuqǐ yíge hěn guì de zhàoxiàngjī, suóyi ta zhào- buliǎo tèbié hǎo de xiàngpiār. — He cannot afford to buy an expensive camera, therefore he cannot take any specially good pictures.

SSC II, Lesson 21:

```
O                          N  V LE      NUM       YĚ/KĚSHI    MÉI VVS
                                                              VBU VS
           ZĚMMA (V)                     YĚ        V BU VS
```
NÈIFĒNG JIÈSHÀOXÌN WO XIĚLE SĀNTIAN YĚ XIĚBUWÁN.
 I've been writing that recommendation letter for three days but I can't finish it.

1. nèige Fǎguo zì wo zěmma   No matter how hard I try I cannot
   xiǎng yě xiǎngbuqǐ lái.   recall that French word.
2. zuótian women zhǎole bàntian   We looked for the magazine you wanted
   kěshi méizhǎozháo ni yào de   for a long time yesterday but we didn't
   nèiběn zázhì.   find it.

```
   N                                  NUM (NU) M     DE     V           LE
```
ZHǓXIŪ YĪKĒ DE XUÉSHENG YĪNIÁN NIÁN DE ZĒNGJIĀ LE.
 Students who are studying medicine are increasing every year.

1. yídào le liùyuè, xuéshengmen   As soon as June arrived, the
   yígè yígè de dōu zǒu le.   students all left one by one.
2. yuèliang guāng xiàng bǎ shùyèzi One by one, the moonlight seemed to
   yígè yígè de dōu xǐgānjing le   have washed clean the leaves
   shi de.   on the trees.

```
              (YĚ)        YĚ
              YÒU         YÒU
```
ZHÈIZHǑNG YÁGĀO YÒU GUÌ YÒU BÙHǍO.
 This type of toothpaste is neither inexpensive nor good.

1. Táng Cháo yǒu hěn duō yǒu   The T'ang Dynasty had a lot of
   míng de shīrén, yě yǒu   famous poets; it also had
   bùshǎo huì xiě zì de rén.   quite a few calligraphers.

2. Rìběn de nánbù yǒu yíge xiǎo
   dǎo, dǎoshang yòu ānjìng,
   fēngjǐng yòu měi.

   There is a small island to the south
   of Japan (the island) which is
   both quiet and has beautiful scenery.

> N　　　　　　　CHÚLE ... (YǏWÀI)　HÁI　(YĚ...)
> **NÈIGE XUÉSHENG CHÚLE XUÉFÈI HÁI XŪYÀO SHĒNGHUÓFÈI.**
> In addition to tuition, that student also needs living expenses.

1. chúle chǎojīdàn wǒ yě zuòle
   jiǎozi gēn yìdiǎr sùcài.

   Besides stir-fried eggs, I also
   made some meat dumplings and
   vegetable dishes.

2. Jiùjīnshān chúle chūchǎn shuǐguǒ
   yǐwài yě chūchǎn hěn duō de
   qīngcài.

   In addition to fruits, San Francisco
   also produces a lot of vegetables.

SCC II, Lesson 22:

> PW₁　　LÍ　PW₂　A　　YUǍN/JÌN　(MA?)
> **YÓUJÚ LÍ ZHÈR HĚN YUǍN MA?**
> Is the post office far away from here?

1. xiàozhǎng zhù de dìfang fāng-
   biànjíle; lí nǎr dōu hěn jìn.

   The president's residence is extremely
   convenient; it is close to everywhere.

2. nǐ yàoshi wèn jìchéngchēfū,
   "nèige dìfang lí zhèr yuǎn
   buyuǎn?" tā zǒngshì huídá,
   "bùyuǎn".

   If you ask a taxi driver, "Is that place
   far from here?" he will always
   answer, "not far".

> PW₁　　　　　　　　LÍ PW₂ (YǑU) DUŌMA/NUM YUǍN(?)
> **GÙGŌNG BÓWÙYUÀN　LÍ ZHÈR YǑU DUŌ YUǍN?**
> How far is the palace museum from here?

1. ni zhīdao Luómǎ lí Yǎdiǎn yǒu duōshao lǐ ma?
   Do you know how far Rome is from Athens?
2. Táiběi lí Xiānggǎng yígòng yǒu duōshao lǐ?
   How many miles is it altogether from Taipei to Hong Kong?

    A   LÍ   B   (MÉI) YOU   C   (LÍ B)   (NÈMMA) YUǍN/JÌN

NI JIĀ LÍ DIÀNHUAJÚ MEIYOU WǑ JIĀ NÈMMA YUǍN.

Your house isn't as far from the phone company as mine is.

1. nide chuáng lí chuānghu méiyou tāde chuáng jìn.
   Your bed is not as close to the window as his is.

LESSON 24

Question Words as Inclusive Expressions

shémma, nǎr něige, shéi, zěmma, etc.

I. Question words as subject in first clause.

```
  QW            V (O),      N    JIÙ   V    QW
NĚIGE MÀOZI   HǍOKÀN,  WO   JIÙ  DÀI  NĚIGE.
```

I'll wear whichever hat is prettier.

1. shéi zuì kě, women jiù bǎ
   qìshuǐ gěi shéi.

   We will give the soda to whoever is the most thirsty.

2. nǎrde tàiyángguāng hǎo,
   women jiù zài nǎr yěcān.

   We will picnic wherever there is the most sunshine.

3. ni yǒu duōshǎo bǐnggān, wo
   jiù mǎi duōshao.

   I'll buy as many cookies as you can give me.

4. wo zuì pèifu lǎoshi de rén.
   shéi lǎoshi wo jiù ài gēn
   shéi zuò péngyou.

   I most admire honest people. I'll befriend whoever is honest.

II. Question words as subjects in both clauses.

```
  QW       V  (O),    QW    (JIÙ)   V  (O)
SHÉI    ZHĪDAO,    SHÉI    XIĀN   HUÍDÁ.
```

Whoever knows, answer first.

1. shémma rén huì zuò, shémma
   rén zuò.

   Whoever knows how to do it, (will) do it.

2. zěmma jīngjì zěmma bàn. qián
   xiànzai shì yíge dà wèntí.

   Manage it whichever way is more economical. Money is a big problem now.

3. wo zànchéng shéi yǒu nénglì
   shéi chū zhúyi.

   I'm in favor of whoever has the ability making suggestions.

4. shémma shíhou you gōngfu, women
   jiù shémma shíhou qu; búbì tài jí.

   We'll go wherever there's free time; no need to hurry.

III. Question word in first clause as object.

NĬ ÀI MĂI NĚIZHŎNG MIÀNBĀO, JIÙ MĂI NĚIZHŎNG.
Buy whichever kind (kind) of bread you like.

1. ni xǐhuan zǒu něige qiáo, women jiù zǒu něige, dōu chàbuduō.

   We'll take whichever bridge you prefer. They're all about the same.

2. ni yuànyi chuān něijiàn jiù chuān něijiàn. wèishemma lǎo wèn wo ne?

   Wear whichever (garment) you like. Why are you asking me all the time?

3. ta nèige péngyou zhēn búcuò. ta xiǎng dào nǎr qu ta jiu péi ta dào nǎr qu. Yìdàlì, Xīlà hé Fǎguo tamen dōu qùguo le.

   His friend is really nice. He accompanies him to wherever he wants to go. They've been to Italy, Greece and France (already).

4. Wáng Taitai de xiǎo érzi yòu pàng yòu hǎowár, ni gěi ta chī shémma ta jiù chī shémma. shéi gēn ta shuō huà ta jiù duì shéi xiào.

   Mrs. Wong's youngest son is really plump and cute. He'll eat whatever you feed him. He'll smile at whoever talks to him.

INDEX

adverbs in pairs 142-145
auxiliary verbs 18, 35
bǎ construction 110-116;
        and non-potential 137
cái and *jiù* 121, 122
casualness, expressing 92, 93
changed status 51, 53
choice type question 2, 4, 5, 6, 10
        with *háishi*, 143
clock time 117
co-verbs (*zuò, cóng, dào*) 59-61
commands 94
comparison with coverb *bǐ* 125-127; 147
comparison 84, 102, 124, 147, 148, 149
completed action 65;
 with object-less verbs 66
concurrent action with *zhe* 107
continuance aspect 105+
de shíhou 76, 91
distance (with *lí*) 146
distribution 31
dōu 14-17
durative clock time 119, 120
existence pattern 55
experential aspect with *guò* 67
        with co-verbs 68
functive verbs 3, 7, 8
gěi with direct and indirect objects 12
hái (still, more) 138
hái...mei ne 68
imminent action and *le, jiù* and *kuài* 63-64
imperative 32
indefinite numbers ("one or two") 32
indefinites 86-89
indirect statements 21, 22, 23, 24, 25
le 51, 63, 65, 66, 67, 69, 70
lí and expressing distance 146+
location patterns 54
location and existence patterns compared 55
ma and simple questions 1, 3, 9
mǎi (will pay for) 30
manner patterns 96-98
measurement, expressing 31, 32
méi (negative adverb) 11
míngzi and naming 27
modification with nouns, 39-43
        with place words 56
ne (question particle) 57, 58
ne (and continuity) 58

negative time within which pattern 120
non-punctual verbs 85
noun clauses 46
occupations, expressing 44
past tense with Verb*le* Obj.*jiù* 71, 72
        with *yǒu méiyou* 99
        with purpose clauses, 69
pivots with *qǐng* 12
        with *yǒu méiyou* 33
        more on pivots,100, 101, 109
possessives with pronouns 19, 20
potential and non-potential
        verbal suffixes 128+
prices, giving 29
purpose, expressing 62
question words 21, 22
question words, as inclusives 173-174
        as indefinites 86-88
reduplication of verbs 92; and
        vividness 123; more on 140
requests, making 94
review of patterns 150-172
shì and equivalent pattern 28
shì...de pattern 50, 72-77
similarity, expressing 102, 103, 124
specifier phrases 7-10
stative verbs as adverbs 44
suffixes 128, 130-136
tā as "it" 101
time when 78-80; with *cái* and *jiù* 121
time spent 81-82
time expressions 89
time, expressing 83
totals, expressing 31
transposed actor 100
transposed objects 14, 17, 50
verbal suffixes (*-zai and -dao*) 61, 62
wàng (towards) and *cóng* (from) 102
whole before parts 28, 84
xiǎng (think) 33
xìng (be surnamed) and naming 26
xué (study, learn) 44
yī...jiù pattern 52; with *le* 70
yǐjīng and *le* 68
yǐqián and *yǐhòu*, using 89, 90
zài (again) 37, 38
zài (in, at) and location 54
zhe (suffix indicating progressive action, 105

NOTES

NOTES

NOTES

NOTES

NOTES

NOTES

NOTES